摆脱
社交恐惧

达夫 /著

三环出版社
SANHUAN PUBLISHING HOUSE

图书在版编目（CIP）数据

摆脱社交恐惧/达夫著. -- 海口：三环出版社（海南）有限公司，2025.3. -- ISBN 978-7-80773-519-9

Ⅰ.C912.11-49

中国国家版本馆 CIP 数据核字第 2024W23E55 号

摆脱社交恐惧
BAITUO SHEJIAO KONGJU

著　　者	达　夫
责任编辑	宋佳昱
责任校对	崔洋铡
封面设计	韩　立
责任印制	万　明
出版发行	三环出版社（海口市金盘开发区建设三横路 2 号）
	邮　编 570216　　邮　箱 sanhuanbook@163.com
出 版 人	张秋林
印刷装订	德富泰（唐山）印务有限公司
书　　号	ISBN 978-7-80773-519-9
印　　张	10
字　　数	160 千字
版　　次	2025 年 3 月第 1 版
印　　次	2025 年 3 月第 1 次印刷
开　　本	720 mm×1000 mm　　1/16
定　　价	48.00 元

版权所有，不得翻印、转载，违者必究
如有缺页、破损、倒装等印装质量问题，请寄回本社更换。
联系电话：0898-68602853　0791-86237063

前言
PREFACE

约朋友一起出去吃饭时，与不熟悉的人出去玩时，你是否经常会脸红、拘谨、手足无措？平时与不熟悉的人打招呼，尬聊几句"你吃饭了没呀""你今天的衣服真好看"之类的，你是否感觉尴尬、不自在？跟别人在一起时，你是否总是很焦虑，觉得自己的一举一动都在被别人审视，紧张到出现颤抖、出汗、心悸？你是否非常惧怕和别人交谈，担心自己说出的话会造成不可挽回的后果，因此刻意回避这种普通的社交场合……

如果你有以上种种迹象，那么你很可能步入了"社恐"的行列。轻度的社交焦虑有助于我们释放压力、调节心理状态，更好地进行社会交往。但是，如果发展为社交恐惧症，就会严重影响到自己的正常生活、工作等，需要及时进行心理矫正。

当下，人们把太多的时间花在网络社交上，在面对面社交时，却出现了社交障碍。不仅仅是普通人，甚至那些在大众视线中自信满满的明星，也会有严重的社交恐惧症。无论是普通人还是公众人物，都会遇到社交恐惧的问题。社交恐惧并非某个人特有的隐疾，而是一种广泛存在的心理疾病。越来越多的人在感受繁华都市生活喧嚣与落寞的同时，开始对社会生活产生心理排斥。一个人生活太孤单，在人群中又对人类"过敏"，一社交，就恐惧。能用文字信息解决的事，绝不打电话或当面沟通，尽量减少面对面社交的机会。这些都是社交恐惧的典型症状。

社交恐惧症，也叫社交恐怖症、社交焦虑障碍，是恐惧症的一种，属于焦虑性障碍，主要表现为在社交场合或公共场所产生焦虑不安、恐惧、自我怀疑等情绪，出现显著而持久的害怕之感，进而尽力回避社交活动。社交恐惧症已成为继抑郁症及酗酒之后排名第三的心理疾病，是一种非常常见的精神障碍。该病发病较早，多发病于青少年时期。社交恐惧者常共患其他精神疾病，若不进行科学干预，将对患者的正常生活、学习和工作产生严重影响。

本书先从认识社交恐惧症开始，介绍了什么是真正的社交恐惧症，社交恐惧症的多种类型及形成原因；接下来从正确认识自我、关注内在信念、融入社交圈、掌握社交技巧、展现自我价值等方面帮助患者摆脱恐惧思维，找到适合自己的社交方式，享受社交的乐趣，从而实现人生价值。

目录

第一章 社交恐惧症的心理诱因

什么是社交恐惧症 /2

"恐惧评价":阻碍交际的心理病灶 /5

矮化"镜像自我",让你怯于交际 /7

缺乏自信,没有自我价值感 /9

懦弱自卑的标签效应 /12

孤僻自我,阻碍社交 /15

羞怯:妨碍你的进步和发展 /19

你有社交恐惧症吗 /22

第二章 克服社交恐惧,从正确认识自己开始

克服自卑 /26

不要成为自卑的俘虏 /29

不要对自己说"我不能" /32

学会放大自己的优点 /34

不高估,不自轻 /37

思想成熟者不会强迫自己做"完人" /38

我们真正恐惧的其实只是恐惧本身 /40

从现在起，不再对自己进行否定 /42

别让羞怯为精神作茧 /43

自闭带给你的究竟是什么 /44

第三章 提高社交适应力的心理策略

对社交恐惧症说"不" /48

树立正确的社交观念 /50

修复心灵上那道细微的害羞伤疤 /53

亲和动机——人际吸引的心理倾向 /54

走出羞怯和自卑的心理困境 /56

掌握克服羞怯的技巧 /59

有社交恐惧症的人如何做好心理调适 /60

友情是一剂灵药，能疗好自闭的伤 /63

常见的社交心理障碍调节术 /65

克服社交恐惧症的规则手册 /67

第四章 从今天开始，融入社交圈

杜绝自闭，沐浴群体阳光 /70

打开自闭心灵，寻找快乐的天堂 /72

走出孤独 /75

试着接纳他人 /78

融入社会，才能有真正的快乐 /80

与人接触，是人类的必需品 /82

与社会的其他成员互动起来 /85

主动交际，远离自怜的阴影 /88

从一个人的世界中走出来 /91

突破舒适区，和不喜欢的人打招呼 /94
迎着别人的嘲笑前行 /97
勇敢地把自己推销出去 /99

第五章 掌握社交技巧，敢于和陌生人打交道

用心结识陌生人 /102
自我介绍要潇洒 /103
首因效应，第一回合就要赢 /106
初次见面，礼仪不可少 /108
把一句话说得扣动人心 /110
第一次就记住他的名字 /112
社交中微笑的神奇作用 /115
别小看肢体语言 /118
寻找与陌生人的共同话题 /120
与陌生人主动握手就是送他的见面礼 /123
做厚缘分，把热情写在脸上 /125

第六章 在人际关系中展现自我价值

打开交际的"黑匣子" /128
"1=250"定律 /130
在社交场合尽量展现你的笑容 /131
不自信的表现会给人极差的印象 /133
把自己武装成"绩优股"，吸引各方的注意 /135
发掘自己的优势，着力发展自身长处 /137
众人面前，果断说出自己的观点 /139
别不好意思批评，真诚让你更有人缘 /142
推销自己的能力也是实力之一 /145

第一章 社交恐惧症的心理诱因

什么是社交恐惧症

什么是社交恐惧症呢？步入社会，在人前易脸红的毛病会让人苦不堪言。其实，有这种症状的人知道社交并没有什么可怕的，也想改变自己，从而自如地与人交往，但就是做不到。有时同不太熟悉的人交谈，本来还好好的，突然心里"咯噔"一下，心跳加快，一股热血直往脸上冲，自己感到难堪不说，还会让别人感到莫名其妙。因为有时会被别人笑话，所以与人交往时几乎成了惊弓之鸟。但自己又渴望与人交往，因此，内心常常经历两场"战争"：一场是害羞、胆怯、缺乏自信，另一场则是强迫自己挑战自己。长此以往，就会觉得生活真的是太沉重、太累了，这是患上了一种叫"社交恐惧症"的心理疾病。

对于多数人尤其是有社交恐惧症的人而言，与陌生人见面往往会不自在。其实，胆怯无关个性，往往是由于与他人接触的经验不够多，进而产生排斥他人的情绪。但若能进行自我训练，积累与他人相处的经验，即使无法完全改变，亦不至于因与他人一接触就脸红而苦恼。

生活中，我们与陌生人会面时，之所以会感到脸红紧张，原因之一是觉得无话可说——找不出话题的会面的确令人痛苦。其实，这种想法并不正确。如果因为与陌生人会面会产生恐惧心理，所以绝不愿多接触不认识的人，又怎能了解与人交往的乐趣呢？事实上，因相见而遭受严重挫伤的情形可能是少数，若是因噎废食，让自己过着封闭的生活，岂非得不偿失？所以，放开胆子，与人交往，融入社会，这才是明智之举。

克服恐惧看起来非常困难，改变却在一念之间。其实，生活中有很多恐惧和担心完全是我们想象出来的，想要驱除它，必须在潜意识里彻底根除。

一般恐惧社交的人，潜意识里都有一副枷锁束缚着自己。

1. 害怕"注定会失败"的枷锁

这是一种非常普遍的心理。一旦失败，便将自己初始的动机统统扼杀。他们不断重复地说："早知如此，何必当初！"他们因此把自己看得渺小，觉得自己没有什么用。要知道，世上没有后悔药。为了摆脱"注定会失败"的枷锁，你需要改变思想。你不妨保持积极的态度。切莫在不经意中将自己的创新意识彻底否定，那是你最珍贵的东西。想着"我一定要成功"而不是"我可能会失败"，寻找助你成功的方法，你会发现你能左右自己的思想，同样也能左右自己的行动。

2. 担心"别人会怎样想"的枷锁

对于失败，"别人将会有什么看法"，这是一种最常见而且最具有自我毁灭性的心理状态。这种"别人"式的想法是一种强而有害的枷锁。它会扼杀你的创造力，把你原有的能力破坏殆尽，使你故步自封。为了摆脱这种"别人"式的枷锁，你不妨想一想，"别人"并不是"先知先觉"，他们往往是"事后诸葛亮"。你应该记住：走自己的路，让别人说去吧！

3. 背着"过去错误"的枷锁

许多人都害怕再次尝试，因为他们曾经失败过，而且受了重伤，正所谓"一朝被蛇咬，十年怕井绳"。但是，对每一位有志之士来说，没有必要对过去所犯的错误耿耿于怀，从而阻止自己再次突破自我。如果你能将自己的失败看成是很有价值的教育投资的话，那就可以重新开始了。

4. 认为"为时已晚"的枷锁

许多失败者认为已经太晚了，已经无法挽回，自己无法再创业了。因此，他们一蹶不振，整天把自己用酒精泡着、用烟雾熏着。这种"为时已晚"的枷锁，戴在各式各样的人身上：一个28岁的人做生意亏了本，就自认为无法东山再起；一位50岁时丧偶的女人，自认为太老无法再婚；一位15年前没有扩大业务的厂长，想要重新开始投资却认为时过境迁。为了打破这种"为时已晚"的枷锁，你可以多观察社会生活中的活跃人物，不要被年龄束缚，并下定决心，重新开始。

综上，让我们系统地总结一下，应该如何摆脱这些枷锁的束缚。

（1）态度积极而无怨无悔是保持身心健康的最好方法。如果想要长久保持，还需要禁止一切不当行为，并设法保持放松，使自己心情开朗。

为了取得成功，我们还必须时刻鞭策自己前进，但不可因此让自己的情绪变得紧张，进而影响精神状态。

（2）让自己经常处于放松的状态。羞怯的人常常过于关心自己的表现会引起他人怎样的反应，因此情绪常处于紧张的状态。当你与人交往处于羞怯或紧张的情绪中时，应尽量用玩笑或幽默来自我解脱。当你脸红时，应尽量忘却它，不要担心别人是否会在意——其实你在别人的心目中，并不如你自己所想的那么窘迫，那么让人们注意。如果你能把注意力集中到你所应当注意的人或事上，你便会渐渐忘记自己的不自在。心理学家认为，放松是羞怯心理的克星。

（3）扩大人际交往范围。悲观的人周遭大部分是悲观者，而乐观的人身边亦多为乐观者。因此要想改变命运，你必须要向乐观者学习。不要拘泥于自我这个小天地，应该置身于集体之中，多与人沟通，多交朋友，尤其是多和精力充沛、充满生气的人相处。这些洋溢着生命活力的人会使你感受到事物的新鲜和美好。

（4）培养人际交往中的亲和力。世界已经进入了合作的时代，学会"人合百群"是新时代社会交往的要求之一。我们应摒弃"物以类聚，人以群分"和"酒逢知己千杯少，话不投机半句多"的陈旧观念。

努力培养自己在人际沟通中的亲和力，不妨每天出门之前，面对镜子微笑，保持乐观积极的心态。

此外，当你培养了一种为他人服务的处世态度，你就会与众不同，就会成就更大的事业。因为，为他人服务的态度正是大多数人所缺少的东西，而正是这种东西可以让你无比"富有"。

害怕社交的人，请把"不可能"从你的字典里去掉，永远也不要消极地认定有什么事情是你做不到的。要自信地认为你能做到，大胆地去尝试、再尝试，然后你就会发现你确实能做到原本以为自己做不到的事。

"恐惧评价"：阻碍交际的心理病灶

"人无完人"是我们都明白的道理，然而，总有很多人恐惧外界对自己的评价，把过多的注意力放在他人对自己的负面评价上，从而忽略了自己积极的一面。

有的人喜欢评判他人的外形，却不重视其内在。要想成为一个独立的人，敢于交际并且在交际中获得完整的人生，那么，每个人都要坚强到能承受这些评价。因为，过分恐惧外界的评价会严重影响一个人的学习、事业和前途。

潘亮是一个刚走上工作岗位的小伙子，对别人的观点十分在意。尽管已经大学毕业参加了工作，但他对与其他人交往有一种恐惧感，见到人就脸红，过分担心别人对自己的评价。尤其是陌生人，与他们在一起时，潘亮会感到一种莫名的紧张，脸红得能滴出血来。当与别人并肩而坐的时候，他总是想要观察别人的表情，这种欲望很强烈，但又因为恐惧而不敢转过脸去看。

这种情况愈演愈烈。如果有事必须与他人接触，不论对方是男是女，潘亮一走近对方，便会感到心慌、神情紧张、面部发热，不敢抬头正视对方。如果与陌生人坐在一起，相距两米左右时，他就开始感到焦虑不安、手心出汗，神情也极不自然。出于这一原因，他很害怕与别人接触，进而发展到害怕出去做业务。这种情况影响了他的工作和正常的生活，潘亮的内心感到非常痛苦。

心理医生通过询问得知，在潘亮小的时候，父母对他的管教很严厉。后来，他开始恐惧家长的评价，恐惧老师的批评，甚至面对领导的正常询问时，也认为领导对自己不满。

的确，我们应该重视别人的评价，那是对我们的提醒与帮助。但是如果过分关注，就会失去自信。

每个人活在世上都有追求，并且希望达到完美，这是一种天性。但人的一生始终是得失相随的。因此，每个人都应该有一定的心理承受能力。在重视外界评价的同时，也要积极地提高自我评价。

有一个叫姚勇的个体户，自从参加一位朋友的生日宴会后，就突然感到莫名的恐惧，不敢出门去经营自己开的百货店，只能待在家里。家人为此整日愁眉不展。后来在朋友的百般追问下，他才道出了原因。他对朋友说："我两年前下岗后，自己开了一家百货店，生意挺不错的。不久，街坊里有一个长得挺帅的哥们儿也开了一家百货店，生意刚有点起色。有一次，我和他一同去赴一位朋友的生日宴会。都是同行，他大受朋友们的欢迎，不少人争着和他聊天，像众星捧月似的，但是搭理我的人却很少。于是，我顿感心中不安，中途退席回家。从此，我不时地感到惶恐不安，觉得自己绝不可能超过他。开始时，还只是怕和他在一起，后来连见到他也感到害怕，整天担心他会突然出现在自己面前。不久，就连顾客上门买东西时，我也会感到害怕。因此，我无法继续营业，只能待在家里，这种情况已经有一年多了。不知道这种状况还要持续多久，我老婆现在也不想和我生活在一起了。"

姚勇的遭遇让我们看到了恐惧他人评价的可怕之处。许多杰出人士之所以被能力不如自己的人击垮，就是因为不善于与人沟通，不注意与人交流，被一些非能力因素打败。

倘若今天为了某个人而换衣服，往后的日子里，也就不知要为了多少人换衣服。换来换去，还能做自己吗？做人亦如同穿衣，不能改来改去，否则，也就不会有自己了。做人永远要以自己的意志为转移。毕竟人活一世，不可能让所有人满意，重要的是要展示一个真实的自己。其实，生活中原本就没有什么一成不变的条条框框，只要你去改变，按自己的方式生活，世界也会随着你变。

其实，人要坦然地面对自己的缺点，但是也要建立对自己积极的评价。在与人交往时，正视缺点的存在，不逃避、不沮丧。如果你自己看得起自己，那么别人也会尊重你。即便对方对你有偏见，如果你没有否定自己，那么你就有足够的勇气去证明自己，从而改变别人对你的评价。

矮化"镜像自我"，让你怯于交际

库利是19世纪末期20世纪初期的社会心理学家。"镜中我"的概念是库利在1909年出版的《社会组织》一书中提出的，源自库利对自我的反映特征的一个比喻：每个人都是另一个人的一面镜子，反映着另一个过路者。也就是说，人对自己的了解实际上是通过他人对自己的看法来获得的。

库利认为，一个人的自我观念是在与其他人的交往中形成的，一个人对自己的认识是其他人关于自己的看法的反映。他说过："一个人对于自我有了某种明确的想象——即他有了某种想法——涌现在自己心中，一个人所具有的这种自我感觉是由别人的思想、别人对于自己的态度所决定的。这种类型的社会可以称作反射的自我或镜像自我。"所以一个人的自我是在与他人的联系中形成的，这种联系包括三方面：①关于他人如何认识自己的想象。②关于他人如何评价自己的想象。③自己对他人的这些认识或评价的情感。

古语说："以铜为镜，可以正衣冠；以人为镜，可以明得失。"意思是说，每个人都是一面镜子，我们可以从别人的评价中发现自己、认识自己。然而，如果一个人总是用别人的评价当"镜子"，那么就会因为对方的一句批评或者负面评价，让自己陷入自我否定中，甚至阻碍自己的社会交际，这是过分在意的镜像中的自我太"矮"所致。

现年30岁的陈倩，就职于一家国际贸易公司。在刚入职的时候，她的工作完成得很顺利，心情也很好，与同事的相处时间不长，但也没出现过什么问题。有一次，她的上级财务经理需要做例行检查，在审查财务账目时，陈倩便感觉非常紧张。

陈倩本来把工作做得很好，但是不知为何，在回答经理的提问时，她却紧张得连说话都结结巴巴的，脸也憋红了。经理以为她在工作上出了纰漏。上级领导得知后，找她谈话，结果还是一样，虽然她的工作没有出现错误，但是领导还是将信将疑。

自此之后，陈倩特别怕见领导，进而发展到不敢与同事打交道，甚至不愿去公司的餐厅就餐。她明知道自己问心无愧，没什么可怕的，但总是控制不住地害怕。为此，她的工作受到了极大的影响。

不久，公司举办了元旦舞会，而且还邀请了很多社会上知名的人物和嘉宾。公司内部有规定，没有特殊情况一律不准请假。陈倩一想到舞会要遇见很多人，尤其是要与陌生人及领导交流，她就感觉紧张。

尽管在舞会开始的前一天，她还在鼓励自己，给自己暗暗打气，希望自己第二天能够顺利出席。但是，她还是担心自己会犯"老毛病"。她一想到舞会就会心跳加速，认定自己在舞会上一定会出错，认为自己在公司的地位和名誉会因为舞会上的失误而受损。

最终，她选择不出席公司的舞会，关掉了手机，封闭了自己。

陈倩就是自己将镜像中的自我矮化了。有社交恐惧的人会对外界的刺激非常敏感，认为他人有意识地监督自己的一言一行，为此，他们担忧自己会出现某种错误或是遭到嘲讽。尤其是在社交场合，总会处于一种莫名的心理压力之下。

哲人说："诚实地向自己展开自己，这是人生一道优美的风景线。"自知，就是要知道自己、了解自己。常言道："人贵有自知之明。"把人有自知之明称为"贵"，可见人是多么不容易自知。人之不自知，正如目不见睫。意思是：一个人没有自知之明，就像自己的眼睛看不到自己的睫毛。

这与过分矮化自己的道理相同，无论别人怎么评价你，你都要正确看待自己，不要矮化自己。无论与你交往的人有多么大的"光环"，你都不能因此而看低自己。所以，树立正确的思维方式。要摒除因自卑而产生的压力，找回自信。唯有如此，你的生命中才能处处充满灿烂的阳光。

缺乏自信，没有自我价值感

培根说过一句话："深窥自己的心，而后发觉一切的奇迹。只有自信，才能够变成完美的自己。"你要培养自信，来树立个人独立的价值观，避免依附于别人而存在，这无疑是医治"害怕被讨厌"这一心理疾病最有效的方式。

对于生活给的机会，我们很多时候采取了回避甚至拒绝的态度。大多数人在抱怨上天不公的同时，也在下意识地告诉自己要放弃。缺乏自信，即是对自己人生的妨碍。

诸如此类的例子在我们身边常常出现。

比如，班级里面需要同学们投票选出一个班长或者公司里有一个项目需要一个组织者。这个时候，大部分人虽然也想毛遂自荐，但都会违心地推举他人。有时，我们把这种行为看作一种美德——谦虚。可是从另一方面看，我们在主动送出一个表现自我的机会。

心理学认为，出现这种现象的原因是害怕失败。如果我推荐自己去当这个班长，同学们反对怎么办？就算同学们不反对，我干不好怎么办？如果我去当这个组织者，那我是不是要承担责任？如果我做不好，让同事们取笑怎么办？等等。总之，因为害怕失败而主动放弃机会，才是真实的原因。这正说明，我们不够自信，我们不相信自己能做好，更不相信我们能够接受失败的结果——别人的反对和嘲笑。

黄冬冬是某大学的物理学研究生，毕业后留校执教。学校内部有几次出国深造的机会，他都没有把握住。

每次主任问他是否要写自荐信的时候，他都很不好意思地说："还是算了吧，我是这里年龄最小的人，把机会让给前辈们吧。"就是这一句话，让他最终错过了出国深造的机会。

生活中，有很多这样的人，本身自己足够优秀去胜任各种工作，但最后总会以各种理由来推掉这些机会。

这就是我们内心不自信的表现，可是我们却用"谦让是一种美德"来掩饰。但其实，我们要学会摒弃这种不自信的心理。在摒弃之前，我们来了解一下不自信是怎么产生的。

心理学家认为，造成我们缺乏自信的最根本原因，在于我们的父母。父母将自己的不自信在潜移默化中传递给了下一代，比如父母的态度、行为和举止等，这种影响非常隐蔽而又深远，甚至父母和孩子都不会察觉到。

在孩子小时候尚未形成自己完整的价值观时，他们透过父母的眼睛来认识这个世界。虽然父母有些行为是错误的，但是孩子无法分辨，因此把这些错误当成了理所应当。比如说，如果父母没有自信，孩子也会深受影响，认为自己应付不了家里和学校的事情。孩子也会怀疑自己的能力，觉得自己不够好、不够优秀。

孩子从出生到五岁这一阶段被心理学家称为大脑的"印记阶段"。在这个阶段，大脑没有防备地接收外部的信息，而大脑接收到的印象又会指导孩子的行为，并在潜意识里影响着孩子长大后的为人处世。

如果在这段时期内，父母经常拿孩子和别人比较，认为孩子比不上别人，那么，可能会导致孩子自信的丧失。因为当父母拿自己的孩子和兄弟姐妹的孩子或其他孩子比较时，孩子的自卑感就会增强。慢慢地，孩子就会认为自己是无能的、不好的、低人一等的，时间一长，就养成了自卑的心理。

每个人在刚刚降生到这个世界的时候，都是纯洁无瑕的，会被塑造成什么样子，与小时候别人对他的评价有很大的关系。如果他一直被说成是一个坏孩子，那他就会做出一些坏孩子会做的行为。反之，如果他一直接受积极的鼓励，即使他真的有不如别人的地方，也会培养出自信的气质。

史蒂芬·威廉·霍金有着继爱因斯坦之后，世界上最著名的科学家和最杰出的理论物理学家的美誉，被誉为"宇宙之王"。但是，他却是一个重度残疾人。他在21岁时不幸患上了会使肌肉萎缩的卢伽雷氏症，全身瘫痪，后来又丧失语言能力，演讲和问答只能通过语音合成器来完成。在一般人看来，这简直和植物人没什么区别。但即便是这样，他却从来没有放弃自己，而是从容地接受命运的安排，并越来越坚强、越来越自信。对他来说，比起植物人，比起失去生命的人，活着就是幸福的。通过自强不息，他终于有所成就并得到了世人的肯定。

霍金给我们树立了一个榜样。这说明，一个人是否拥有自信，和这个人先天的条件没有绝对的关系。只要你自信起来，最终也会变得胆大起来。等有了这些改变，"害怕被讨厌的心理"自然就会消失不见，你说呢？

懦弱自卑的标签效应

有时候，人的某些特质不是与生俱来的，而是别人给你添加的。当你对某件事情有百分之百的信心时，它最终就会变成事实。当别人夸你一件事情做得好，那今后你也会越做越好。相反，如果别人时常批评你这里做得不对，那里做得不对，那么你就会变得胆小、懦弱，不敢再去尝试。如果长期经受这样的批评，那你就会变得越来越自卑。而这，就是心理学所说的"标签效应"。

在历史上发生过这样一件事：

在第二次世界大战期间，美国前线兵力不足，战事频频告急。为了缓解兵源不足的现状，美国政府决定释放一些监狱里的犯人，让他们上前线作战。为了了解这些特殊士兵的心理状况，政府还特地聘请了一批心理专家，随军进行战前动员和战时心理分析。

在上前线之前，心理专家并没有对这些犯人进行说教，而是采取了一个特殊的办法：让他们每周给自己最爱的人写一封信，汇报自己在狱中的表现。但是，这封信的内容却不是犯人自己写的，而是由心理学家统一拟定的。信中主要叙述了犯人如何在狱中表现良好、如何改过自新等，犯人们根据模板抄好，然后寄给自己最爱的人。

三个月后，这批士兵正式投入前线。这次，他们给自己最爱的人的信中，主要叙述了自己在战场上如何奋勇杀敌、如何听从指挥的内容。没想到，这些信竟然发挥了神奇的作用，这些特殊的士兵真的如他们信中所说，个个奋勇杀敌，跟正规军比都毫不逊色。

这个案例体现的是一种心理暗示作用，也就是心理学上著名的"标签效应"，也被称为"罗森塔尔效应"，它向我们揭示了标签的重要性。

同样的道理，如果我们对一个孩子表达喜欢，对他很好，总是夸他聪明，他就很容易表现得很聪明，成绩变得很优异。如果我们总是对着孩子大吼大叫，时间长了孩子可能就会变得自卑。

标签效应似乎左右着人们的成长。积极的标签将给人带去积极的影响，消极的标签则给人带去的是消极的影响。当我们说一个人很自卑，那么，无数次的潜移默化之后，他就给自己贴上了"懦弱自卑"的标签。

能否成长为一个自信的人，不但受制于先天的遗传因素，更离不开后天成长环境的影响。其中，在种种影响因素中，社会评价和心理暗示的作用最为关键。

行动成功国际教育集团的董事长李践曾在一次演讲中讲过这样一件事情。

李践小时候家庭条件很不好，父亲常年不在家，李践因此有些自卑。八岁的时候，他因为一件小事离家出走，准备像三毛那样去流浪。结果，钱花完了，他沦落成一个小乞丐。

有一天晚上，小李践无处可去，准备在昆明火车站过夜。没想到，火车站里有两个比他年龄大的流浪儿童，看见李践又瘦又小，就趁李践睡着的时候，用点燃的烟头烫他的脚心。剧痛之下，李践立刻清醒了过来。李践弄明白发生的事后，非常生气，立刻起身去追赶那两个坏小孩，一直追到了火车站广场的角落。

这时，他才发现两个小乞丐不见了，取而代之的是二十多个大乞丐，还有一个乞丐头子。两个小乞丐竟然找来了帮手！那个乞丐头子轻蔑地看着李践说："咱们做个游戏吧，你管我们叫爷爷，如果声音够大，我们就放你走；如果声音不够大，你每叫一次，我们就打你一次。"走投无路之下，李践用稚嫩的声音大声地叫了声"爷爷！"没想到，话音未落，李践脸上就挨了重重的一巴掌。最终，他被那一伙乞丐打了一百多个巴掌，脸肿得不成样子。

虽然后来李践被父亲带回了家，但这次受辱的经历，却使原本就不自信的他变得更加阴郁。即使回到学校以后，李践也经常觉得自己低人一等，学习成绩也一落千丈，更别提跟别的同学交往了。

从这个案例中，我们可以发现：一个人如果给自己贴上"自卑""怯懦"的标签，就特别容易遭受挫折。因为他心里摆脱不掉这个阴影，会觉得自己就是比别人差。由于这种心理暗示，最后他真的就会比别人差。

在儿童时期，孩子的标签一般是大人给贴上的。但在成年人的世界里，坏标签往往是自己给自己贴上的。一个人可能真的很笨，但是如果他表现给别人的感觉是聪明的，那么，他就会被贴上聪明的标签。没有人会在乎这个人原本的样子。这和戈夫曼所说的拟剧理论是一个道理。也就是说，一个人聪不聪明根本不重要，漂不漂亮根本不重要，重要的是别人是不是已经给你贴上了这样的标签，当你被贴上这样的标签以后，你就被认为是这样的人了。

曾经有个学生很想成为舞蹈演员，她不确定自己是否有能力可以成为演员，于是去见了团长。她问团长："我是否可以成为舞蹈演员？"团长让女孩跳了一段舞蹈之后，告诉她，她并没有舞蹈天分，还是另谋出路吧！之后，女孩伤心地放弃了舞蹈，毕业后结婚生子，过着普通的生活。

多年以后，她去看演出的时候碰见了当年的团长，她想知道为什么团长说她没有天分。团长说他只是随口一说，并没有认真地看她跳舞，并且他对很多人都是那样说的。女孩特别伤心，认为是团长毁掉了自己的梦想，她原本可以成为优秀的舞蹈演员。团长却说了一句意味深长的话："如果你真的想成为一名舞蹈演员，不管我说合适不合适，你依然会继续努力。"

瞧，一样的话，不同的心理。如果女孩不赞同团长的话并加倍努力，那结果可能会完全不同。所以说，标签可以是别人贴的，也可以是自己贴的。我们不能一味地盲从别人对我们贴下的标签，我们更应该珍视自己心中的愿望，珍惜自己内心想要贴给自己的标签。

不管是好的标签还是坏的标签，我们都要理性看待。若别人给你贴上了坏的标签，这时你要少些对自己的指责，多给自己鼓励和肯定。若是别人给你贴上了好的标签，那么你更应该综合评价自己，不期许赞美之言。

主动去打破标签的"牢笼"，走出标签的环境，不被他人左右，你将成功摆脱懦弱、自卑等标签带来的负面效应，成为你想要成为的那个人。

孤僻自我，阻碍社交

一般情况下，如果一个人拥有豁达、自信、开朗的性格，他取得成功的可能性就比较高，他不会因为一次的失利从此一蹶不振。无论遇到多大的挫折，他都能淡然一笑，重新振作起来。迟早有一天，他会站上成功的巅峰。

但是，如果一个人不豁达、不自信，更不与人交往，一味地把自己包裹起来，这种不健康的心态就容易诱发一些心理疾病，出现抑郁情绪、精神萎靡、寂寞忧愁、寡言少语等情况，甚至引发抑郁症。如果长期不与人交往，这种不良情绪会持续累积，严重危害身心健康。

确切地说，孤僻是更为严重的一种社交障碍，有的心理学家把它归为病态。通常意义上，我们讲到的孤僻是一种自我中心、不合群的表现。虽然没有病态那么严重，但显而易见，孤僻会严重影响一个人的社交。没有社交就很难形成人际关系，很难拥有健康正常的工作和生活。

首先，孤僻的人对他人会怀有厌烦、戒备和鄙视的心理。在与他人交往的过程中，他们爱摆出一副事不关己高高挂起的样子，漫不经心、敷衍了事，缺少热情和活力。

其次，性格孤僻的人和别人在一起时，别人会很明显地感受到他们的不同。有时候他们看上去似乎非常活跃，但却常常给人一种做作的感觉，仿佛有点神经质，所以并不怎么招人待见。因此，他们的生活圈子也比较小，朋友也很少。

最后，孤僻的人比较以自我为中心，也会比一般人敏感一些。即使在常人看来很普通的事情，他们也会挑出刺来。尤其是当众受到一些客观评价的时候，他们脆弱的心理就会承受不了，甚至会曲解这件事，认为别人都瞧不起自己。于是，孤僻的他们就只好闷声不响、郁郁寡欢或者恼羞成怒，与人大打出手。

当然了，他们的孤僻也会在生活或工作中影响着他们，比如不能做好一件事时，他们可能就会采取逃避的处理方法，让自己变得更糟。很多人不能理解，为什么那些孤僻的人不愿意走出自己的世界，而只愿意待在自己的世界里。

心理学家经过科学研究发现，这个问题的主要原因是在小的时候，他们受到了家庭因素的影响。其实这句话不难理解，我们经常会看到一些青少年犯罪或报复社会的行为，大多和家庭教育有着密不可分的联系。如果一个孩子从小就缺乏父爱母爱，或者他接受的教育过于严厉、粗暴，无法让他得到家庭的温暖，那他就很容易变得退缩、自卑、冷漠，过分敏感，不相信任何人，最终形成孤僻的性格。如果再加上父母的粗暴对待，伙伴的欺负、嘲讽等不良刺激，就会使他过早地感受到烦恼、忧虑、焦虑不安等不良情绪，从而使他们产生消极的念头甚至诱发心理疾病。由此可见，家庭教育对一个人的影响是至关重要的。

当然了，除了年幼时受到的家庭影响，工作和学习氛围也会极大地影响到个人的心态变化。比如：

（1）缺乏事业心。一个有强烈事业心的人，一般不会孤僻。

（2）性格特点。很多时候，我们把孤僻和性格内向画上等号，确切地说，性格因素只是孤僻的原因之一。性格内向者，自我中心观念比较强，对外界事物和周围人群有着一种本能的抗拒，喜欢把自己封闭在一个小天地里。

（3）遭遇交往挫折。有些人心理承受能力较弱，在人际交往过程中如果遭到拒绝或打击，自尊心容易受到伤害，甚至把自己封闭起来。从而形成一种恶性循环，越不与人接触，越无法锻炼社交能力，结果就越来越孤僻。

以一种长远的眼光来看，孤僻的性格不利于自身的发展。所以说，我们一定要克服这种心理障碍。那么，如何消除孤僻心理呢？专家们为我们提出了一些建议：

1. 完善个性品质

孤僻性格是在生活环境中反复强化逐渐形成的。它不是天生的生理缺陷，而是一种心理上的障碍。因此，想要克服这个障碍，就要对自己进行同样反复强化的心理锻炼，增强心理透明度，尝试打开心扉与人交往，给他人信任，关注他人的优点，完善自我，并且用心去体会人际交往的情义和欢乐。

2. 正视自己和他人

孤僻、自我的人因为总是把关注点集中在自己的身上，所以要么会偏激地认为自己哪里都好，别人都不如自己；要么就偏激地认为自己不如别人，怕被人讥讽、嘲笑、拒绝，于是把自己紧紧地包裹起来，保护着脆弱的自尊心。

这两种心理都是不能正视自己和他人的表现。孤僻者需要正确认识他人和自己，多与他人交流思想、沟通感情，享受朋友间的友谊与温暖。

3. 丰富生活情趣

心理学家认为，健康的生活情趣可以有效消除孤僻心理。如果能够培养一种兴趣爱好，比如写字、画画、听音乐、种花草、养宠物，或者专心钻研一门技术等，都能够转移自己的注意力，从而促进自己与他人的交流，有助于建立初步的人际关系。

根据心理学上的光环效应，只要你有了专长，你就有机会做主角，而只要你做了主角，自然就会神采飞扬，也会在别人眼里魅力倍增。

4. 练习与人交往的技巧

看书是学习的最简单途径，不过对于练习一种技能，实践显然同样重要。多参加一些健康开放的社交活动，抱着要与任何人成为朋友的愿望，主动与人交谈，虚心听取他人意见。可以先从结交一个性格开朗的朋友做起，一次一次突破自己。在每一次交往中都会有所收获，纠正原有认识上的偏差。丰富了知识经验、获得了友谊、愉悦了身心，会重新树立你在大家心目中的形象。

5. 找到自己的人生追求

正如前面所说，一个有追求的人不会寂寞，一个为事业奋斗的人更不会孤僻。当你为了自己的理想和目标去不断提升自己、突破自己时，你自然就有了推动自己走出内心世界的动力。

任何事情，归根到底都是心态的问题。那么，在具体做事情的时候，应该学会放弃。与他人不必要的比较应该放弃，不切实际的目标应该放弃，百分之百的完美主义标准应该放弃。

如果总想着这个没做、那个没做，便会越想越沮丧，结果就会真的觉得自己能力低、无效率。但如果将已做好的工作列出来，那可是长长的一张单子啊。这样想想，自信心便立刻大增。当然了，我们也可以从细小的地方做起，比如可以把主动和别人说一次话，主动邀请别人做一件事，当作一次胜仗来看待。

总之，我们要学会面对现实，要主动去和别人交往，逐渐树立信心、增强自信，这样你就会体会到与人交往是一件很平常的事，你也会感受到人际交往给生活带来的乐趣。慢慢地，你就会觉得，生活不是一种折磨，而是一种享受了。

羞怯：妨碍你的进步和发展

在与陌生人的见面中，我们经常会看到一些孩子躲在大人的背后，悄悄地观察别人的一举一动。为了化解尴尬，父母总会说上一句：我家孩子比较害羞、胆小……其实，在这种现象的背后，还有更隐蔽的心理问题。

有资料表明，只有5%的成年人确信自己从未感到羞怯，大约95%的人在儿童和青少年时期有过明显的羞怯心理。科学的解释认为：羞怯是羞涩、胆怯的意思，会表现为紧张、难为情、脸红和退缩，是一种很常见的心理现象。当一个人变得羞怯的时候，会出现明显的生理症状，如心跳加速、脸红、思维混乱、语无伦次、举止失常等，就是这个原因，在漫画里，那些害羞的人的脸都被画得红扑扑的。

按照羞怯的表现，可以细分为三种类型。

第一种：挫折型羞怯。这种人原本性格开朗，在交往中积极主动，但因为生活中曾经遇到过某种人际关系上的挫折，因此变得胆怯怕事，害怕类似的挫折再度发生。比如，在大庭广众面前讲话讲砸了、唱歌唱砸了、在众人面前讲了丢脸的话等，都可能引起羞怯。不过，这种羞怯只是针对特定的事情，而且很容易转回到以前的开朗乐观状态。

第二种：气质型羞怯。这种人属于典型的抑郁质人群，也就是神经比较敏感的人群。他们说话时低声细语，见人就脸红，对外界刺激感受性强，但耐受性弱。这种人喜欢待在安静的环境以回避刺激。

第三种：认识型羞怯。这种人常常担心自己被别人否定或者耻笑，特别在意别人的评价，过分追求自我安全感。因此，当站在别人面前的时候，他们会产生过分的自我关注，一会儿想"是不是脸红了"，一会儿想"手放的位置合不合适"，一会儿想"站姿好不好看""给别人留下的印象怎么样"，等等。但是，他们越是关注自己的某个部位，那个部位就越是不自在。陷入恶性循环，必然导致胆小怕羞、面红耳赤。

那么，怎样才能克服羞怯呢？

1. 心理上要摆脱这种孤独感

在这个世界上，我们每个人都是孤独的。即使是家人或是伴侣，也不可能完全陪伴自己一生。因此，你要相信自己不是孤独的，除了你，还有很多人像你一样在寻找朋友，寻找依托与帮助。当你确信自己与他人处于同样位置的时候，就会在心理上消除孤独，与人坦然地交往。

2. 增强自信心

为什么会产生自卑感呢？根本原因在于这个人对自身采取了一种盲目否定的态度。所以，要学会增强自信心，并应该认识到每个人都有自己的优势和长处。一段时间以后，自卑心理就会逐渐消失。

当然了，增强自信心的前提是：要学会正确、客观地评价自己。因为一个人要想让别人认可自己，必须先得到自己的认可。而且，不要对别人如何评价自己太敏感、太介意，应该有自己的标尺，而不是随波逐流。

3. 拥抱真实生活

等你克服心理障碍以后，第二步就是张开怀抱，拥抱真实的生活。你应该多参与一些社交活动，在实践中掌握克服羞怯心理的有效方法。在与人接触的过程中，学会如何对待别人的问候或恭维，如何对陌生人说出开场白，学会如何让谈话继续下去或中止谈话。

重要的是，你应该学会主动和他人交流，而不是等着别人来搭讪。只有主动，才能够感受到社交带来的乐趣。

4. 锻炼自己在公共场合说话的本领

你可以多参加一些文体活动，多交一些志同道合的朋友。即使一开始很难，但只要你真的开始这么做了，渐渐地，你就会在各种活动中消除羞怯心理，最后变成一个阳光开朗的、充满正能量的人。只要你想改变，什么时候作出改变的决定都不晚。要知道，选择一种生活方式，就是选择一种人生，应该让自己充满正能量。

所以说，不要再让自己沉迷于黑暗之中了，打开窗户，你可以看到阳光洒满整个世界，透过窗户打在你的身上，你会感受到从未有过的温暖。

你有社交恐惧症吗

测试导语

有些人讨厌面对人群或是害怕面对人群,他们不只是觉得害羞、不好意思,更多的是对自己以外的世界有着强烈的不安感和排斥感。这种因对社交生活和群体的不适应而产生的焦虑和社交障碍称作社交恐惧症。那么你是否患有社交恐惧症呢?你可以通过下面的测试得知。

请在15分钟内完成下列试题,每道题有5个选项:A.根本不符合;B.某些方面符合;C.比较符合;D.大部分符合;E.完全符合。

测试开始

1. 和不熟悉的人聚会时,我会很不自然。

2. 和老师或上级交谈时,我会很不自在。

3. 我在面试中常常不知所措。

4. 我是个比较内向的人。

5. 和权威人士对话会让我感到害怕。

6. 即使在非正式场合,我也会感到不安和害怕。

7. 我处在与我不同类型的人群当中时会感觉到舒服和自在。(Q)

8. 如果给一个陌生人打电话,我会有紧张感。

9. 和交往不深的同性交谈会让我产生不适感。

10. 和异性谈话时我会感到更加自在。(Q)

11. 我是一个比较敢于与人交往的人。(Q)

12. 在人多的场合我不会有什么不自在。(Q)

13. 我想让自己更擅长与人交往。

14. 和很多人聚在一起时我不知道该做什么。

15. 如果面对一位吸引人的异性，我会不知所措。

评分标准

不带"Q"的试题，选 A 计 1 分，选 B 计 2 分，选 C 计 3 分，选 D 计 4 分，选 E 计 5 分；带有"Q"标记的试题反向记分，即选 A 计 5 分，选 B 计 4 分，选 C 计 3 分，选 D 计 2 分，选 E 计 1 分。

测试结果

15～59 分：善于交际，没有社交恐惧症。

60～75 分：不善于交际，有社交恐惧症倾向。

心理视点

社交恐惧症已经是继抑郁症和酗酒之后排名第三的心理疾病，而且因为现在每个人面临的压力越来越大，所以罹患此病的人数有上升的趋势。治疗社交恐惧症可分为心理治疗和药物治疗。症状较轻微的人只需要接受心理治疗；若是病情较严重，就应该寻求医生的帮助，并配合药物治疗。

第二章
克服社交恐惧，从正确认识自己开始

克服自卑

刘孟林是某工厂的技术工人。他从小就十分害羞,怕见生人。他上学时也不太主动跟同学交往。父母根据他的性格,让他干了技工这一行,不需要跟人过多地打交道。但随着上班以后刘孟林摆弄机器的时间增多,跟人交往的时间减少。他有时间就躲在机房里,回家也躲在自己房间看书、听音乐。到了该谈恋爱的年龄,父母开始着急,因为他从不主动跟女孩子交往。父母四处找人给他介绍对象。结果,他一见女孩子就满面通红,说话也结巴。因此,别人嫌他太木讷。他自己也觉得很失败,变得更紧张,可越紧张,结巴越严重。到后来,女孩子问他话时,他连一个字都说不出来。一来二去,他的情况愈发严重,害怕在公共场合被人注意,尤其是在当众讲话、当众写字、食堂用餐以及使用公共厕所时,都会心情紧张、心慌气短、大汗淋漓,产生一种明知过分却又无法控制的恐惧感。他不敢与别人对视,与人谈话时总避开别人的目光,似乎自己做了什么亏心事。他觉得不仅自己周身不自然,而且也让别人不自在。他总想克制自己的这些情绪和表现,可是每次都不奏效。他生怕别人认为自己是精神病,于是就尽量逃避这些令人紧张的场合。

现代社会,交际能力愈来愈重要,但有相当一部分人就像刘孟林一样,有不同程度的因羞怯而导致的心理障碍,并影响了与他人的沟通交流。

据观察后总结,羞怯心理有以下几种表现:

不善于结交朋友,常感孤独,常因不能与人融洽相处或充分发挥自己的才干而苦恼。不善于在各种不同场合对事物坦率地发表个人意见或评论,因此不能有效地与他人交换意见，给人拘谨、呆板的感觉。

站在陌生人面前，总感到有一种无形的压力，似乎自己随时被人监视着，不敢凝视对方，感到极难为情。

与人交谈时，面红耳赤，心里发慌。即使硬着头皮和人说上几句，也是语无伦次、结结巴巴。

常常感到自卑，在工作和生活中往往不是考虑取得成功，而更多的是考虑不要失败。自卑，就是自我评价过低，自己瞧不起自己，是一种人格上的缺陷，一种失去平衡的行为状态。自卑常以一种消极防御的方式表现出来，如嫉妒、猜疑、羞怯、孤僻、迁怒于人、自欺欺人、焦虑紧张、不自在等。自卑会使人变得十分敏感，经不起任何打击。

自卑对人的心理发展有很大影响。心理学家阿德勒认为，每个人都有先天的生理或心理缺陷，这就决定了每个人的潜意识中都有自卑的因素存在。如果处理得好，就会使自己超越自卑去寻求优越感，而处理不好就会形成各种各样的心理障碍或心理疾病。另外，自卑容易消磨人的意志，就像一把潮湿的火柴，再也燃不起热烈的火花。长期自我封闭的人，不仅心理活动失去平衡，而且也会诱发生理失调和病态，最明显的是自卑对心血管系统和消化系统有不良影响。所以，我们在社交场合中一定要克服自卑的心理。

一个和尚跪在一尊高大的佛像前，无精打采地吟诵经文。长期的修炼并未使他修成正果，他为此感到苦闷、彷徨，渴望得到解脱。正好一位驰名中外、云游四海的哲人来到了他身旁。

"尊敬的哲人，久仰久仰！弟子今日有缘见到你，真是前世造化！"和尚来不及站起，激动得颤颤巍巍地说，"今日有一事求教，请指点迷津：伟人何以成为伟人？比如说，我们面前的这位佛祖……"

"伟人之伟大，是因为我们跪着……"哲人从容地讲，声若洪钟，紫绕殿堂。

"是因为……跪着？"和尚怯生生地瞥了一眼佛像，又高兴地望着哲人，"这么说，我该站起来？"

"是的！"哲人向他打了一个起立的手势，"站起来吧，你也可以成为伟人！"

"什么？你说什么？我也可以成为伟人？你……你……你这是对神灵、伟人的贬损！"说着，和尚双手合十，连念了两遍"阿弥陀佛"。

"与其执着拜倒，弗如大胆超越。"哲人像是讲给和尚听，又像是自言自语，头也不回地走了。

"超越？呸！"和尚听了哲人的话如五雷轰顶，"这疯子简直是亵渎神灵、玷污伟人！罪过！罪过！"说着，他虔诚地补念了一遍《忏悔经》。

哲人的话很有道理，难道不是吗？为什么自己不做自己的主人，而要整天给别人跪着，甘愿自卑到底呢？

过去你失败过多少次并不要紧，重要的是吸取教训、强化和专注成功的尝试。查尔斯·凯特林说过，任何一个年轻人如果想要成为科学家，都必须准备经历在获得一次成功之前九十九次的失败，而且不因为这些失败而损伤自我。

伟人都对自己有超乎常人的信心。英国诗人华兹华斯毫不怀疑自己的地位，他预见自己将来的名声。恺撒一次在船上遭遇暴风雨，船员非常担心，恺撒说："担心什么？你是和恺撒在一起。"

学会自我称赞、自我欣赏，培养自信，坦然对待突发状况，以保持情绪稳定，克服自卑。如果你充满信心，结果就会朝好的方向走。有位成功人士说过这样一句话："如果你知道要往哪个方向去，世界就会为你让出一条路来！"

学会同各种各样的人打交道，在关键时刻表现自己。要培养自己与不同性格、不同气质、不同年龄的人打交道的胆量与能力。向经常见面但说话不多的人如商场清洁员、保安等问好。与人交往，特别是与陌生人交往，要善于使紧张的情绪放松。遇到聚会、联谊时，要善于寻找时机与周围的人攀谈，关键时刻要勇于表现自己，如主持会议、晚会、演讲会等，让那些不了解你甚至看不起你的人刮目相看。使用一些平静、放松的语句，进行自我调整，常能起到缓和紧张情绪、减轻心理负担的作用。

在人际交往中，如果你不能表现真实的自我，为了让别人满意不得不装模作样，扮演懦弱的角色，那么第一个牺牲品就是你自己，并且你也不会赢得别人的信任和欢迎。既然你觉得真实的自我没价值、得不到他人的喜爱，那么，别人怎么会对你尊重和喜爱呢？显然，不表现真实的自我，包括避短藏拙、挑剔贬低别人，就是自我贬低和束缚，就是自欺欺人。人不完美很正常、很真实，何必总想在别人面前表现自己是一个完美的人呢？把真相掩藏在内心深处，"不欲人知"，甚至连自己都假装不知道自己并不完美，这不正是一种自卑心理吗？

掀起你的"盖头"来，看看外面的世界吧！

不要成为自卑的俘虏

从性格方面讲，具有自卑心理的人性格懦弱、内向，意志比较薄弱。这种人对于别人的误解与无端责难总是习惯妥协、沉默忍受。自卑是影响交往的严重的心理障碍，它直接阻碍了一个人走向群体，去与其他人交往。要战胜自卑心态，不要做自卑的俘虏。其实，战胜自卑的过程，也是磨炼心态、战胜自我的过程。

一位大学生毕业被分配到一个偏远的小镇任教，和他一同毕业的同学大多数都留在了大城市。他们有的在事业单位，有的在大企业，有的投身商海，他觉得哪个同学都比自己有出息，他好似从天堂掉进了地狱。

他越是觉得不公平，心态就越不平和，内心也产生了自卑感。从此他不愿与同学或朋友见面，不参加公开的社交活动，为了改变自己的现实处境，他寄希望于报考研究生，并将此看作唯一的出路。

强烈的自卑与自尊交织的心理让他无法平静，每次拿起书本，常因极度的厌倦而毫无成效。他感觉一翻开书就头疼，一个英语单词都记不住，读完一篇文章，头脑仍是一片空白。最后连一些学过的知识也记不住了。他开始憎恶自己，憎恶让他无法安心读书的环境。

几次失败以后，他停止努力，荒废了学业。当年的同学再遇到他，他已因过度酗酒而让人认不出了。他彻底崩溃了，面对内心的自卑，他已经无力反击，大好的青春也就这样白白浪费了。

故事中的青年就是因为陷入自卑的怪圈之中不能自拔，才造成了自己可悲的人生。我们怎样做才能战胜自卑，成为自己人生的主宰者呢？可以从以下三个方面做起。

第一，正确评价自我。

正确认识自己的能力、素质和心理特点，要有实事求是的态度，不夸大自己的缺点，也不抹杀自己的长处，这样才能确立恰当的人生目标。特别要注意对缺陷的弥补和优点的发扬，将自卑的压力变为发挥优势的动力，从自卑中超越自我。

第二，增强自信和勇气。

要相信自己的能力，学会在各种活动中自我暗示：我并非弱者，我并不比别人差，别人能做到的我经过努力也能做到。认准了的事就要坚持干下去，争取成功。不断的成功又能使你看到自己的力量，变自卑为自信。

第三，积极与人交往。

不要总认为别人看不起你而离群索居。你自己瞧得起自己，别人也不会轻易小看你。能不能从良好的人际关系中得到激励，关键还在于自己。要有意识地在与周围人的交往中学习别人的长处，发挥自己的优点，多从群体活动中培养自己的能力，这样可以降低因孤陋寡闻而产生的畏缩躲闪的自卑感。

自卑实际上是一种徒劳的自我折磨，因为它既不会给你以激励，也不会给你以力量，反而只会摧毁你的身心，盗走你的骨气，并最终毁了你的事业前景。

自卑是人生最危险的杀手，它可以轻而易举地毁掉一个颇具才华的人。一个自卑的人，往往会错失良机。当好机会出现在眼前时，不敢伸手去抓，不敢奋力一拼，会让机会从身边溜走。

自卑是自尊、自爱、自励、自信、自强的对立面，自卑是冲出逆境的绊脚石，自卑是自己为自己设置的障碍。只有跨越这道门槛，自卑者才能集中精力和斗志去拼搏自己的事业，开始新的生活。强者不是天生的，但是强者之所以成为强者，是因为强者善于战胜自己的软弱。伟人之所以伟大，在于他们始终保持着一种积极乐观的心态。

因此，做人应有自知之明。客观准确地评价自己是我们应该具备的一种人生智慧。但是，过分的自卑会让人失去正确评价自己的能力。其实，任何人身上都有别人不具备的优点，将这些优点充分利用，你就完全可以成就自己。

不要对自己说"我不能"

人的一生中所有的事情，只有在亲自经历过之后才能下结论。既然如此，面对任何事情，我们都要拿出"非做做看不可，否则不能说不能"的态度。换句话说，除了"做"之外，没有其他方法，如果做都没做，就提出能或不能的概念，这就是自卑的表现。要知道，我们的能量来自自然的赐予，而自然对于我们来说，仍是一个未知数。无法认识自然，也就无法知道我们自己到底有多大的力量，所以，请不要轻易对自己说"我不能"。

现实中，有很多人都习惯拿自己的经验来论证，"这件事我做不了"，"这是我的能力达不到的"。却很少有人能够意识到，其实经验本身是微不足道的，有时还具有欺骗性。人必须亲历未知的体验，才能激发出自己的潜能，所以人生真正的喜悦在于能够发现自己未知的力量，并且惊讶地说出"原来我竟具有这样强大的力量"。

一位撑竿跳高选手，一直苦于无法超越一个高度。他失望地对教练说："这应该是我的极限了，我实在是跳不过去。"

教练问："在起跑之后，你心里在想什么？"

他说："我一冲到起跳线时，看到那个高度，就觉得我肯定是跳不过去的。"

教练听了，拍拍他的肩告诉他："你一定可以跳过去。你现在要做的就是挺起你的身子来，把你的手放在心的位置。"

这位选手按照教练说的做了。然后，教练又说道："大声地告诉自己，我一定能够跳过去！"

选手又按照教练说的做了。然后，他满怀着信心大喝一声，奇迹出现了，他果然一跃而过。

当这位选手疑惑地看向教练时,教练说话了:"要记住,只要把你的心从竿上撑过去,你的身子就一定会跟着过去。"

在人生的赛场上,我们每个人都是一个撑竿跳高选手,不同的是,我们一次次跳过的不是标尺的高度,而是"我不能"的精神障碍。

只要你肯相信自己的能力,你就一定能摘下"我不能"的面具。相信自己有能力做好身边的每一件事,只有给自己这样的信心,才能跨出自卑心理的圈子,走上成功之路。

很多人的"我不能"并非客观上的原因,而是因为自卑贬低了自己的能力,才使得自己变得无精打采、毫无斗志。

不要无限地夸大自身的缺点。如果你认为自己满身是缺点,如果你自认为是一个笨拙的人,如果你承认自己绝不能取得其他人所能取得的成就。那么,你只会失败。

我们每个人都会在心中为自己描绘一幅理想图景,为自己描绘画像。没有哪一个人会比自己心中描绘的做得更好。如果一个天才相信他只是一个笨蛋,并且一直那么想,那么他就会真的成为一个笨蛋。

卓越者从不会说"我不能",他们总是用自信去激发自己的潜能。这就是一个对自己信心十足但看似平凡的人所取得的成就往往比一个具有非凡才能但自信心不足的人所取得的成就大得多的原因。

被称为"世界上最伟大的推销员"的乔·吉拉德就是经过了克服自卑、战胜自我的挑战过程,才有了今天的成就。

乔·吉拉德出生在美国一个贫民家庭,他从懂事起就开始为生计而忙碌。他做过鞋匠、报童、洗碗工、送货员、电炉装配工和住宅建筑承包商等工作。可以说在他35岁以前,他在事业上一路坎坷,只能算一个全盘的失败者,不仅仅是朋友离他而去,还有一身的债务困扰着他,就连妻子、孩子的吃喝都成了让他头疼的问题。

不仅如此,乔·吉拉德从小就有严重的口吃问题,这令他相当自卑。他换过四十多个工作仍然一事无成。最后,他卖掉了汽车,开始了他的推销生涯。

乔·吉拉德来到了一个全新的工作岗位,处处碰壁。但他反复告诉自己:"你认为自己行就一定能行。"这已经成了他多年的口头禅。正是他这种"相信自己一定能做到"的勇气使他走出了第一步。每拜访一个顾客,他总是恭敬地把名片递过去,不管是在街上还是在商店里,他抓住一切可以推销的机会推销他的产品。正是因为不懈的努力,三年以后,他成为全世界最伟大的推销员。正是这种去掉"我不能"并拥有非凡自信的卓越心态,使他在短短的三年内被吉尼斯世界纪录评为"世界上最伟大的推销员"。

低劣、平庸的自卑所产生的有效力量远没有伟大、崇高的自信所产生的有效力量强大。面对问题,不要说"我不能",取而代之的应是"相信自己一定能做到"。如果你拥有了伟大、崇高的自信心,你就不会总说"我不能"。你身上的所有力量就会紧密团结起来,帮助你实现理想,因为精力会跟随你确定的理想走。

一定要对自己有一种卓越的自信,一定要相信"天生我材必有用"。要迈向卓越、挑战自我,第一步就是克服自卑,摘掉"我不能"的帽子,自信地去迎接未来的挑战。

学会放大自己的优点

你不是不能成功,你只是没有看到自己的优点。

很多时候,放大自己的优点就是我们战胜困难的最好方法。许多成功都源于找到了自身的优点，并努力地将其放大。当然，放大自己的优点应在合理地认识自己以及自我评价正确的基础上，否则那将是一种自我欺骗与自我夸大。

19世纪，法国有一个穷困潦倒的青年，从乡下流浪到巴黎。他找到父亲的一位朋友，希望他能够帮自己找到一份工作，使自己能在这个大城市中站稳脚跟。

青年和父亲的朋友见了面。寒暄之后，父亲的朋友问他："年轻人，你有什么特长呢？你精通数学吗？"

青年听了羞涩地摇摇头。

"历史、地理怎么样？"青年还是不好意思地摇摇头。

"那么法律或别的学科呢？"青年再一次窘迫地低下头。

"会计怎么样……"

面对父亲的朋友提出的种种问题，青年都只能以摇头作答。青年的头越来越低，他似乎在无声地告诉对方：自己一无所长、一无是处，连一点儿优点也找不出来。

父亲的朋友并没有因此对这位青年失去耐心，他对青年说："那你先把自己的地址写下来吧，你是我老朋友的孩子，我总得帮你找一份差事做啊。"

青年的脸涨得通红，羞愧地写下了自己的住址，就急忙想转身逃开，离开这个令自己深感羞耻的地方。可是他刚要走的时候，却被父亲的朋友叫住了。他和蔼地说道："年轻人，你的字写得很漂亮呢，这就是你的优点啊，你不应该只满足于找一份糊口的工作，你完全有能力获得更好的生活。"

字写得好也算一个优点？青年疑惑地看着父亲的朋友，但他很快就在父亲朋友的眼神中看到了肯定的答案。

告别父亲的朋友之后，满怀着喜悦的青年走在路上浮想联翩：我能把字写得让人称赞，那我的字就是写得很漂亮了。能把字写得漂亮，我是不是也能把文章写得好看、引人入胜呢？受到初步肯定和鼓励的青年，开始把自己的优点一点一点地放大。他一边走一边想，兴奋得连脚步都变得轻松起来。

从此以后，这个青年开始发奋自学。数年后，这个曾经沮丧而失望的青年果然获得了成功。他不仅写出了享誉世界的经典之作，而且还成为了一名非常杰出的作家——家喻户晓的法国著名作家大仲马。他的小说《三个火枪手》和《基督山伯爵》流传至今，成为世界文学史上的经典之作。

缺乏自信的人，常常对自己的优点视而不见。事实上，我们每个人都不会一无是处。人人都潜藏着独特的天赋，这种天赋就像金矿一样埋藏在看似平淡无奇的生命中。那些总是羡慕别人、认为自己一无是处的人，是挖掘不到自身的金矿的。如果当年的大仲马只把一句赞美的话当作一个好心的安慰，他就不会对自己的人生有更深刻的思考。如果他不是一点一点地放大自己的优点，给自己一份信念的话，他也不会获得巨大的成功。

在人生的坐标系中，一个人如果站错了位置——用他自己的短处而不是长处来谋生的话，他可能会在自卑和失意中沉沦。一个人只有紧紧抓住自己的优点，并且加以利用，才有可能成功。

生活就是这样的，无论是有意还是无意，我们都要有对自己的信心。不要总是拿自己的短处去对比别人的长处，却忽视了自己也有他人所不及的地方。自卑是心灵的腐蚀剂，自信却是心灵的发电机。所以，我们要学着找到自己的优点，并且将自己的优点最大化，使它发挥最大的作用。

不高估，不自轻

现代的年轻人，大都受过良好的教育，在知识和能力上都很强。有很多年轻人步入职场后对老同事的指点不屑一顾，自命不凡。这是年轻人要规避的一个问题。年轻人只有虚心接受别人的意见和建议，才能使自己在工作中成长得更快。但是还有一些人过于谦虚，对别人说的话言听计从，一点儿也看不到自己的优势，这个时候就需要像"王婆卖瓜"那样自我激励一下，才能把事情做得更好。

提起王婆卖瓜，很多人以为王婆是一位姓王的婆婆。其实，王婆是个男人，本名王坡。因为他说话啰唆、做事婆婆妈妈的，所以人们就送了他一个外号——"王婆"。相传，王婆的老家在西夏，以种瓜为生。在当时，宋朝边境经常发生战乱，王婆为了避难，就迁到了开封的乡下，培育哈密瓜。哈密瓜因外表不好看，中原人都不认识这种瓜，所以尽管哈密瓜比西瓜甜上十倍，也没有人买。王婆很着急，便向来往的行人一个劲儿地夸自己的瓜怎么好吃，并且把瓜切开让大家品尝。起初，没有人敢吃，后来有个胆大的人上来咬了一口，只觉得这瓜如蜜一样甜，于是，一传十，十传百，王婆的瓜摊生意兴隆、人来人往。

一天，神宗皇帝出宫巡视，一时兴起来到集市上，只见那边挤满了人，便问左右："何事如此热闹？"左右回禀道："启奏皇上，是个卖哈密瓜的引来众人买瓜。"皇上心想："什么瓜这么吸引人啊？"于是，便走上前去一探究竟。只见王婆正在连说带比画地夸自己的瓜好，见了皇上他也不慌，还让皇上品尝他的哈密瓜。皇上一尝果然甘美无比，连连称赞，便问他："你这瓜既然这么好，为什么还要吆喝个不停呢？"王婆说："这瓜是西夏品种，中原人不认识，不吆喝就没人买。"皇上听了感慨道："做买卖还是当夸则夸，像王婆卖瓜，自卖自夸，有何不好呢？"皇上的金口一开，不多时，这句话就传遍了大江南北，直至今日。

瓜不甜，再叫卖也没用。若是瓜的味道极美，自夸又何妨呢？年轻人总是将自己的优点弃之如敝屣，那么自己的"瓜"何年何月才能遇到"伯乐"呢？人生短暂如白驹过隙，转瞬即逝，如果一直妄自菲薄，不就等于将崛起的希望埋没了吗？在这弹指即逝的时光里，我们真的要毫无意义地离去吗？曾有人说："越是没有本领的人就越加自命不凡。""自命不凡"是没有本事的人常干的事情，我们要摒弃。不过诸葛亮也说过，人"不宜妄自菲薄"，胡乱地将自己的优点遮掩起来，这同样也是我们急需拆除的樊篱。

思想成熟者不会强迫自己做"完人"

莎士比亚说："聪明的人永远不会坐在那里为他们的损失而悲伤，却会很高兴地去找出办法来弥补他们的创伤。"

如果你做了还感到不好，改了还感到不快乐，考了99分还嫌不够，刻意追求完美，这样一定会"累"，这种情况必须要改变。

请瞧瞧你手中的"红富士"，它们并不处处圆润，却甘甜润喉。再近一点儿看看牡丹，它上面可能有一两个虫眼，但却依然贵气十足，令百花折服。果无完美，花无完美，何况人生！

思想成熟的人不会强迫自己做"完人"，他们允许自己犯错误，并且能采取适当的方式正确地对待自己的错误。

在这个世界上，谁都难免犯错误，即使是四条腿的大象，也有摔跤的时候。人要想不犯错误，除非他什么事也不做，而这恰好是他最基本的错误。

反省是一种美德。不反省就不会知道自己的缺点和过失，不悔悟就无从改进。但是，这种因悔悟而责备自己的行为应该适可而止。在你已经知错、决定下次不再犯的时候，就是停止后悔的最好的时候。然后，你就应该摆脱这悔恨的纠缠，使自己有心情去做别的事。如果悔恨的心情一直无法摆脱，而你一直苛责自己、懊恼不止，那就是一种病态，或可能形成一种病态了。

你不能让病态的心情持续。你必须了解它是病态的，一旦精神遭受太多折磨，有发生异状的可能，那就严重了。

所以，当你过分悔恨与自责的时候，要相信自己能够控制自己，告诉自己"赶快停止对自己的苛责，因为这是一种病态"。为避免病态具体化而加深，要尽量使自己摆脱它的困扰。这种自我控制的力量是否能够发挥，决定了一个人的精神是否健全。

人人都有可能做错事，做了错事而不知悔改是不对的；知道悔改，即为好人。每个人都有缺点，这是我们要受教育的原因。教育使我们有能力认识自己的缺点并加以改正，这就是进步。但在知道随时发现自己的缺点并改正之外，更要注意建立自己的自信，尊重自己的自尊。

有人一旦犯了错误，就觉得自己样样不如人，由自责产生自卑，由于自卑而更容易受到打击。经不起小小的失败，受到了外界一点点轻侮或为任何一件小事，都会痛苦不已。

一个人缺少了自信，就容易对周围环境产生怀疑与戒备，所谓"天下本无事，庸人自扰之"。

面对这种"无事自扰"的心境，最好的方法是努力进步、勤于做事，使自己因有进步而增加自信，因工作有成绩而增加对前途的希望，不再做无益的回顾。

进德与修业，都能建立一个人的自信心和荣誉感。对自己偶尔的小错误、小疏忽，不要过分苛责。

自尊心人人都有，但没有自信做基础，就会使人变得偏激狂傲或神经过敏，以致对周围的环境产生敌视。要满足自尊心，多充实自己，使自己降低"不如人"的可能性，从而增加自己的信心。

做好人的愿望当然值得鼓励，但不必"好"到一切迁就别人，凡事委屈自己，更不能希望自己好到没有一丝缺点，而且发现缺点就拼命"修理"自己。一个健全的好人应该是在该做就做、想说就说，一切要求合情合理之外，如果自己偶有过失，也能潇洒地承认："这次错了，下次改过就是。"不必放大自己的缺点。

我们真正恐惧的其实只是恐惧本身

自卑使有些人不敢主动与人交往，不敢在公共场合发言，消极应付工作和学习，不思进取。古人说，"有长必有短，有明必有暗"。所以每个人都是一样的，人人都有自卑的一面。而在通往成功的路上，只有战胜自卑，才能成为一个自信的成功者。

米勒太太年纪轻轻就已经是有作品出版的作家，可是仍然举止笨拙，常感自卑。她有点儿胖，因此她总是觉得衣服穿在别人身上比较好看。她在赴宴会之前要打扮好几个小时，可是一走进宴会厅就会感到自己一团糟，总觉得每个人都在对她评头论足，在心里耻笑她。

有一天晚上，米勒太太忐忑不安地去参加一个宴会，在门外碰见了一位年轻女士。米勒太太问她："你也是要进去的吗？""大概是吧，"她扮了个鬼脸，"我一直在附近徘徊，想鼓起勇气进去，可是我很害怕。我总是这样子的。""为什么？"米勒太太在灯光下看着她，觉得她很漂亮。"我也害怕得很。"米勒太太坦言，她们都笑了，不再那么紧张。她们走向人声嘈杂的地方。米勒太太心里很紧张。"你没事吧？"她悄悄问道。这是她生平第一次心不在自己身上，而在另一个人身上。这对她自己也有帮助，她们开始和别人谈话，米勒太太开始觉得自己是这群人中的一员，不再是个局外人。

在回家的路上，米勒太太和她的新朋友谈起各自的感受。"你觉得怎么样？""我觉得比先前好多了，米勒太太。""我也如此，因为我们并不孤独。"米勒太太心想：这句话说得真对！我以前觉得孤独，认为世界上其余的人都自信十足，可是如今遇到了一个和自己同样自卑的人，才明白之前我让不安全感吞噬了，根本不会去想别的。现在我得到了另一个启示：会不会有很多人看起来谈笑风生，但实际上心中也忐忑不安？米勒太太想起本地报馆那个态度无礼的编辑来，那个编辑似乎总是对她不冷不热的，问他问题，他只草草答复。米勒太太觉得他的目光永远不和自己的目光接触，她总觉得他不喜欢自己，现在，米勒太太怀疑会不会是他怕自己不喜欢他。

第二天去报馆时，米勒太太深吸一口气，微笑着对那位编辑说："你好，安德森先生，见到你真高兴！"以前，她习惯一面把稿子丢在他桌上，一面低声说道："我想你不会喜欢它。"这一次米勒太太改口道："我真希望你喜欢这篇稿子，你的工作一定非常吃力。""的确吃力。"那位编辑叹了口气。米勒太太没有像往常那样匆匆离去，她坐了下来。米勒太太问起他的家人，那位编辑露出了微笑，严峻的脸庞变得柔和起来。米勒太太感到自在多了。

拉德克利夫女子学院的海伦·凯勒说："对于凌驾于命运之上的人来说，信心是命运的主宰。"自卑就是一种由过多的自我否定而产生的自我贬低的情绪，是一种认为自己在某些方面不如他人的自我意识和自己瞧不起自己的消极心理，是由主观和客观原因造成的。长期被自卑情绪笼罩的人，一方面感到自己处处不如别人，一方面又害怕别人瞧不起自己，逐渐形成了敏感多疑、胆小孤僻等不良的个性特征。就像最初的米勒太太那样。

从现在起，不再对自己进行否定

每个人都有自己的独特个性，也都有自己的作用和能力，就像一个小螺母、一个小贝壳，放在正确的地方就是无价之宝。

永远都不要自暴自弃，要相信你是造物主所创造的最独特的个体，世间没有人和你相同，只要把你放到合适的地方，你就会创造属于你的价值。

一个生长在孤儿院中的男孩，常常悲观地问院长："像我这样没有人要的孩子，活着究竟有什么意思呢？"院长总是笑眯眯地对他说："孩子，别灰心，谁说没有人要你呢？"

有一天，院长亲手交给男孩一块普通的石头，说道："明天早上，你拿着这块石头到市场去卖，但不是真卖。记住，无论别人出多少钱，你绝对不能卖。"

男孩一脸迷惑地接下了这块石头。

第二天，他忐忑不安地蹲在市场的一个角落里叫卖石头。出人意料的是，竟然有许多人要向他买那块石头，而且一个比一个价钱出得高。男孩记着院长的话，没有卖掉石头。回到孤儿院后，他兴奋地向院长报告。院长笑笑，要他明天拿着这块石头到黄金市场去叫卖。在黄金市场，竟然有人出比昨天高出十倍的价钱买那块石头，男孩拒绝了。

最后，院长让男孩把那块普通的石头拿到宝石市场上去展示。结果，石头的身价比昨天又涨了十倍。由于男孩怎么都不卖，这块石头被人传成"稀世珍宝"，参观者纷至沓来。

男孩兴冲冲地捧着石头回到孤儿院，他眉开眼笑地将一切情景汇报给院长。院长亲切地望着男孩，徐徐地说道："生命的价值就像这块石头一样，在不同的环境下就会有不同的意义。一块不起眼的石头，由于你的珍惜、惜售而提升了它的价值，被说成是稀世珍宝。你不就像这块石头一样吗？只要自己看重自己，懂得珍惜自己，生命就有意义、有价值。"

一块石头也自有它的价值，关键在于你将它放在什么地方。人生也是这样。

人生最大的损失，除丧失人格之外，就要算失掉自信心了。当一个人没有自信心时，那么他做任何事情都不会成功，就像没有脊椎骨的人是永远站不起来的一样。学会在小的事物中体会成功的愉悦，找回失去已久的自信心，在自信中提升自我的价值，是很多成功人士的一大秘诀。

记住：每个人身上都有闪光点，千万不要轻易否定自己的价值。

别让羞怯为精神作茧

羞怯是一种难以描绘的情感屏障，是人人都能触及的精神茧壳。而人往往又在这种心理的网罗下作茧自缚，所以，要想破茧成蝶，就要解除束缚，勇敢地面对生活。

"真的，我本应该非常快乐，"一位女孩曾经对心理医生这样说道，"但是，我却并不快乐。一种可怕的羞怯心理使我每次发现他人看着我的时候都会羞红了脸。我该怎样做呢？"

马克·吐温说，人类是唯一会羞怯的动物，人类有时也需要羞怯一点。可是，人们却不应该在正常行事的过程中羞怯，但同时也不应该在一个连动物都会害羞的场合下无动于衷。

同样，羞怯是一种痛苦，它使我们变得懦弱、不安、不快。我们会觉得自己很愚蠢，像一只被观赏玩弄的动物一样。但是，害羞是可以克服的。当然，这不是一蹴而就的事情，否则我们就会发展到一个极端情况，这是更可怕的，尤其是对别人来说。

萧伯纳年轻的时候非常害羞。有一次，他到一条街去付账。他甚至会在街上来回走，但就是没有勇气去敲门。

今天，人们可以对萧伯纳作出很多种评价，但是没有人会说他很害羞。他之所以喜欢做惊人之举，从心理学的角度讲，是为了掩饰自己的害羞。

在美国有40%的成年人有羞怯情绪，在日本有60%的人为自己感到害羞，在我国则几乎所有的人都有羞怯的时候，连宋代大诗人苏轼也曾有过"归来羞涩对妻子"的尴尬场面。心理学家认为，羞怯心理并不都是消极的，适度的羞怯心理是维护人们自尊的重要条件。有调查表明，羞怯的人更能体谅他人，比较可靠，容易成为知心朋友。

我们如何才能控制自己害羞的情绪呢？答案就是：不要再考虑自己，下定决心，勇敢地着手做自己不敢做的事情。当然，这样做最初是很困难的。但是，如果我们能够勇敢地面对让我们感到害羞的事情，我们就可以控制它。摆脱自我约束，即便不是最重要的艺术，也是人生的首要艺术。

自闭带给你的究竟是什么

当人们遇到挫折或打击后，应积极努力地将紧张或焦虑心态转移或发泄出来，防止其持续作用而损害健康。如果人们面对挫折和打击，将自己封闭起来，甚至消极悲观、独居一隅，这样发展下去，就会构成现代生活易发的自闭心理状态而不能自拔。

暂时的自闭有时也是一种休息、放松及宣泄，但是，如果长时间陷入其中，必然会导致心灵的失衡，形成走极端的倾向。而且，长期的封闭会阻隔个人与社会的正常交往。处在封闭环境之中的人，感觉不到封闭，就必然导致精神的萎靡、思维的僵滞，它使人认知狭窄、情感淡漠、人格扭曲，最终可能导致人格异常与变态。

在一家生物公司工作的小张便是这样的。他和一名同事一起参加了优秀员工的角逐，但结果是他落选了，他的同事被选上了。小张很不服气地说："论能力、论口才，我哪一点比他差？可他选上了，而我却落榜了。不就是那个副经理是他老乡吗，有什么了不起？"于是，以后的其他活动他也"不屑"参加。不得不承认，工作中有些事情是依靠人情解决的。既然现实已经如此，那么就不得不接纳，去坦然面对。像小张这样的人一遇到挫折就怨天尤人、一蹶不振，很容易走向自闭。

在社会上，有小张这般遭遇的人不在少数。起初，他们都是抱着一腔热忱，想在工作中大展身手，但现实却令他们失望，受了点挫折便自暴自弃了，甚至"心如死灰"，似乎"看破了红尘""世人皆醉我独醒"……这些人大多数在上学期间活泼开朗，到了工作时却连连受挫，因此也无意于"争名夺利"了，也不再"出头露面"了，逐渐变得内向、自闭起来。

自我封闭的心理具有一定的普遍性，各个历史时期、不同年龄层次的人都可能出现，其特点有：不愿意与人沟通，害怕和人交流，讨厌与人交谈，逃避社会，远离生活，精神压抑，对周围环境敏感。由于他们的自我封闭，所以常常忍受着难以名状的孤独寂寞。众所周知，人类的内心世界是由感情凝结而成的，所以我们才能在邻居或朋友之间建立起真挚的友谊，才能在夫妻间建立起美满的婚姻和家庭，社会也才能通过感情的纽带协调运转。虽然真挚的感情无影无形，但它却比任何实际的东西都更有价值。

一个人总是将自己封闭在一个狭窄的圈子内，对自己、对社会都没有好处。自闭的人应走出自我封闭的圈子，注意倾听自己心灵的声音并大胆表现它的美好和幸福。

第二章 提高社交适应力的心理策略

对社交恐惧症说"不"

由于害怕伤害别人，有些人因而不敢深入接近别人。有的人认为，采取和别人保持距离、不相互伤害的交往方式，是对别人体贴的表现。然而，这种想法是极其错误的。

你应该主动接近别人。在不慎伤害到别人时，不应该立即抽身回避，应该更往前靠近对方。借由进一步沟通了解，对方将明白自己遭受伤害的原因。唯有如此，友情才能建立。人际关系本来就是在伤害与被伤害的交替下培养出来的。

那么我们如何在与陌生人的交往中消除恐惧呢？面对生活中的坏习惯，有人这样说，用一个好习惯代替一个坏习惯要比改掉一个坏习惯容易得多，那么面对社交恐惧，我们不妨也找到一个替代品，那就是自信。有自信的人最美，是因为那种自信的容貌会让人觉得充满希望，让人觉得活力十足、魅力万分。培养自己的自信心，要从自己有兴趣的事情着手，多接触自己喜欢的事物，这样自信自然而然就会产生了。

在人际关系上，不论在什么场合，初次见面时太过于热衷争取某种事情时，只会使人们以为你不仅是一个惯于使用手段的人，还是一个自以为聪明的人，其结果大都是聪明反被聪明误。

人们对于使用手段的人往往心存一道防线，并且本能地降低对对方的人格评价，怀疑他为人的诚实性，认为他心怀叵测、别有企图。

这种急于成功的人，其实是对自己没有信心。他们害怕得不到别人的友情、喜欢、支持，害怕得不到自己所期望的东西。他们不敢告诉自己："对方是喜欢我的、支持我的。"甚至会不安地怀疑自己："对方是否讨厌我？"于是他们的这种想法传染给对方，却无意中暴露出了自己缺乏信心的心理状态。对此，有心人是一目了然的。

所以，初次见面时，不论是何种状况，都要做到镇定，并善于用眼神表达自己的友善、关怀和愿望，这是一种自信的表现。说话时善于用眼神交流，能给他人留下认真、可靠的印象。一般人们对于自信的人，都会另眼相看，并产生信赖和好感。如果你充满信心，对方会对你产生好感；如果你含含糊糊地进行自我介绍，流露出羞怯心理，则会使对方认为你不能把握自己，以致对你有所保留。这样，彼此之间的沟通便有了阻隔。

有个求职者自我介绍道："本人素以胆小著称，却偏有鸿鹄之志，故斗胆前来应聘，我自信能够胜任酒店的这份工作。"言辞之间，充分展现了求职者的聪慧与自信，具有一定的吸引力。

因此，任何时候都要相信自己，按照你的想法去开始吧！做事可以胆小，但做人只要堂堂正正，你就可以鼓起勇气去面对困难，这种心态决定了你的命运。大多数人往往会在不到一分钟内就对所遇到的人迅速地作出一个判断。你的命运也许在15秒钟内就被决定了。

在与陌生人的交往过程中，如果你略有恐惧、缺乏信心，不妨也穿戴上最华贵的"服饰"。如果你能找出足以荣耀自我的优点，那么你将不会因感到低人一等而自卑。所以，尽量找到自己的长处，即使是自认为不值一提的特长，利用自我扩大法，扩大成足以自豪的优点，借以缩短与对方的心理距离，这不失为一个消除恐惧、增长自信的好办法。

当你发现自己存在社交恐惧时，就应该及时克服，下面的方法不妨一试。

1. 平衡心理，主动出击

对社交产生恐惧心理，根源在于害怕在交往中出现棘手的情况，让自己难堪、出丑。当一个人对外界环境感到不确定时，就会出现恐惧心理。在这种时候，与其害怕，不如主动面对，主动寻求外界的刺激，以增强你的心理素质，培养解决问题的能力。要勇敢地迈出第一步，这就是一个勇气的问题。当你迈出第一步以后，你会发现你所恐惧的其实根本不值得一提。

2. 给自己松绑

在社会交往过程中，不要背无谓的包袱，要学会轻松、坦然地面对一切。

（1）要忘掉自我。有社交恐惧心理的人会过分关注自我：我这样说话好不好？我的衣着打扮是否得体？满脑子都是这样的念头，结果越想越紧张，越紧张就越拘谨，如果不及时摆脱这种窘境，势必导致交际失败。如果换一个角度想问题：眼前的交往对象未必比自己高明，或许他也羞怯和害怕，对自己充满信心，就能够变得泰然自若、镇定沉着。精神上的忘我和放松一旦形成，也就没有那么多的顾忌了。

（2）不否定自己，不断地鼓励自己"我是最好的""天生我材必有用"。

（3）不苛求自己，能做到什么地步就做到什么地步，只要尽力了，不成功也没关系。不回忆不愉快的过去，过去的就让它过去，没有什么比现在更重要。

（4）每天给自己10分钟时间用于思考，不断总结自己，增强面对新的问题和挑战的能力。

（5）找个倾诉对象，说出自己的烦恼。可能他人无法帮你解决问题，但至少可以让你发泄一下。

树立正确的社交观念

心理学家们通过对几千份人际关系报告进行研究，归纳出了人际交往的七种模式：

（1）由一方发出的管理、指挥、指导、劝告教育等行为，导致另一方的尊敬、服从等反应。

（2）由一方发出的帮助、支持、同情等行为，导致另一方的信任、接受等反应。

（3）由一方发出的同意、合作、友好等行为，导致另一方的协助、温和等反应。

（4）由一方发出的尊敬、信任、赞扬、求援等行为，导致另一方的劝导、帮助等反应。

（5）由一方发出的反抗、怀疑等行为，导致另一方的惩罚或拒绝等反应。

（6）由一方发出的攻击、惩罚、不友好等行为，导致另一方的敌对、反抗等反应。

（7）由一方发出的拒绝、夸大、炫耀等行为，导致另一方的不信任或自卑等反应。

以上七种关系虽然称为模式，但只不过是高度概括化的。这里"一方"与"另一方"——对应的行为表现，向我们揭示了人际交往中的一种最基本的规律，即交往双方的行为表现总是以对方为依据的。许多人在谈到与自己有关的人际关系时，总是习惯于把褒贬的重点放在他人身上，那么上述模式也许会给你一些启发。那就是人际关系必须坚持互惠互利的原则。

有一个人被带去观赏天堂和地狱，以便比较之后能明智地选择他的归宿。他先去看了魔鬼掌管的地狱，第一眼看去令人十分吃惊，因为所有的人都坐在酒桌旁，桌上摆满了各种佳肴，包括肉、水果、蔬菜。

然而，当他仔细看那些人时，却发现没有一张笑脸，也没有伴随盛宴的音乐或狂欢的迹象。坐在桌子旁边的人看起来沉闷、无精打采，而且个个都是皮包骨。通过仔细观察，这个人发现每个人的左臂都捆着一把叉，右臂捆着一把刀，刀和叉都有4尺长的把手，使它不能用来喂自己吃东西。所以，即使每一样食物都在他们眼前，结果还是吃不到，一直在挨饿。

然后他又去了天堂，景象完全一样：同样的食物、刀、叉与那些4尺长的把手，然而，天堂里的人却都在唱歌、欢笑。这位参观者感到困惑：为什么情况相同，结果却如此不同。在地狱的人都在挨饿，可是在天堂的人却吃得很好而且很快乐。最后，他终于看到了答案：地狱里每一个人都试图喂自己，可是一刀一叉以及4尺长的把手根本不可能吃到东西；天堂里的每一个人都在喂对面的人，而且也被对方所喂。既帮助了他人，也帮助了自己。

因此，如果你想获得，就必须付出。获得与付出是成正比的。

人与人之间的相处如果没有做到互惠互利的话，就不可能建立和谐融洽的人际关系。如果自己从别人那里得到了恩惠，反过来自己也应该报答别人，这就是互惠互利的根本所在，也是建立良好人际关系的前提条件。

提到互惠互利这个词，一般会给人一种事务性的印象，带有功利性的色彩。可是，互惠互利并不只是功和利的象征，并不是只有在谈到功和利时才能使用这个词。例如，在工作上得到他人的帮助或下班后别人请自己吃饭等。在日常生活中得到他人的关照时，要以某种方式表达感激的心情——这也是互惠互利的根本精神所在。

表达自己感激的心情不只限于赠送一些礼品。在看到给予自己关照的前辈很忙时，问一声："我能帮些什么？"这也是一种很好的表达自己感激之情的方式，也是互惠互利的根本精神所在。

总之，关怀对方是建立良好人际关系不可缺少的互惠互利精神。如果你能具有"为对方做些什么"这种关怀对方的精神，那你一定会获得良好的人际关系，事业一定会蒸蒸日上。

相反，如果认为"一定有谁会帮助我""别人会主动与我交谈""周围的人也想和我建立良好的人际关系"，采取这种被动的姿态，那你永远也不能主动与别人交谈，永远也不会建立起良好的人际关系。

如果能珍惜每一次与别人接触的机会，积极主动地关怀别人，那你一定会有一个和谐融洽的人际关系，并且自己的生活和人生也会因此受益。

修复心灵上那道细微的害羞伤疤

人的害羞心态似乎是与生俱来的。从某些领域来看，害羞并不一定是一个完全贬义的词，有人甚至认为"适当的害羞是一种美德"。的确，害羞与不害羞究竟是好是坏，不能一概而论，但都不能超过一个限度。如果一个人害羞过度，那么，他的生活就会充满痛苦。

过度的害羞只会使人消极保守，沉溺在自我的小圈子里，不利于一个人的成功，甚至有可能造成心理障碍。

朱迪斯·欧洛芙指出，每个人都会对某些事情感到羞耻，只是害羞的程度不同。我们要想将状态调整到最佳，就必须克服害羞。以下是克服害羞的几个方法：

（1）做一些克服羞怯的运动。例如，将两脚平稳地站立着，然后轻轻地提起脚跟，坚持几秒钟后放下。每次反复做30下，每天做两三次，可以消除心神不定的感觉。

（2）深呼吸。害羞会使人呼吸急促。因此，要强迫自己做数次深长而有节奏的呼吸，这可以使一个人的紧张心情得到缓解，为建立自信心打下基础。

（3）与别人在一起时，不论是正式还是非正式的聚会，开始时不妨手里握住一样东西，比如一本书、一块纸巾或其他小东西，这对于害羞的人来说，会感到舒服而且有安全感。

（4）学会专心地、毫不畏惧地看着别人。试想，你若总是回避别人的目光，总是盯着一件家具或远处的墙角，不会显得很幼稚吗？难道你和对方不是处在一个同等的地位吗？为什么不拿出点勇气来，大胆而自信地看着别人呢？

（5）平时多读一些书，开阔视野。经常读些课外书籍、报纸杂志，开阔自己的视野，丰富自己的阅历，你就会发现，在社交场合你可以毫不困难地表达你的意见。这将会有力地帮助你树立自信，克服羞怯。

（6）在参加社交活动时，应该尽量坐在社交场合的中心位置，有意暴露自己。害羞的人参加社交活动总喜欢坐在角落里，这样确实不容易引起别人的注意，但也失去了别人认识自己的机会。

（7）在与别人谈话的过程中练习克服害羞心理。在与别人交谈时，眼睛尽量注视着对方，说话声音大一些，并且要尽量有条理、有见地。如果遇到别人没有回答你的问话的情况，就再说一遍，不要害怕会惹人不高兴。

亲和动机——人际吸引的心理倾向

在心理学上，亲和动机是指需要与人亲近的内在动机。例如，需要别人关心、帮助，需要友谊，需要爱情，需要别人的认可和接纳，需要别人的支持与合作等都属于亲和动机。在生活中，每一个人都有与他人相处的渴求和愿望，这种人际交往的深层原因在于人们害怕孤独，并且感到自身的力量单薄，需要"抱团取暖"。

亲和动机是一种重要的社会性动机，当它引发的亲和行为得以顺利进行时，个人就会感到安全、温暖、有信心；当亲和行为受到挫折时，个人就会感到孤独、无助、焦虑和恐惧。同时它也是人类普遍具有的社会动机之一。

有一个叫青青的女孩，她不和学校的同学进行交往，甚至连班里的女同学跟她交往也非常少。这是因为青青的妈妈在她很小的时候就出国打工，青青跟着爸爸长大。父女之间缺少沟通，有很多事情青青不愿意去和爸爸说。青青又长期住在大杂院里，经济上的贫困、亲情的缺失，导致了青青孤僻的性格。

虽然青青极想得到大家的关爱，但是渴望得到而又不能得到，于是就愈发孤僻。青青对周围的人经常怀有一种厌烦、戒备的心理，似乎什么事情都与自己无关，总是一副自我禁锢的样子。

虽然青青有时候看上去挺活跃的，但是总给人一种不真实的感觉，而且非常做作，这是因为青青为了改变别人对她的印象而故意为之。

虽然青青有着不合群的性格缺陷，但是她的亲和动机很强，因此，她试图努力改变别人对她的看法，只是连她自己都没有发现。

的确，在现实生活中，每一个人都有与他人保持往来、建立联系、获取伴侣和友谊的需要，都有与他人保持相处和与群体保持关系的愿望，这是一个人处于高度不安的恐惧状态时，希望同处境、地位、能力等与自己基本相当的人取得协作，建立友好关系的内心欲求。

在对亲和动机进行研究的研究者中，沙赫特是最为著名的。他在研究了长期处于孤立状态的人后，发现他们的日记中记录着许多令人难以忍受的精神痛苦和不安的心境。

沙赫特以62名女大学生为被试，将她们分为实验组（32人）和控制组（30人）两组。对实验组被试，主试先让她们看一些令人生畏的仪器，并告诉她们将用这些仪器在她们身上做实验，实验会有电击，能使人痛苦但无伤害。对控制组的被试，既不让她们看见仪器，也不告诉她们电击之类的事。

然后告诉两组被试，实验开始之前要提前几分钟到实验室等候，可以独自到实验室来等候，也可与别的同学结伴来实验室等候。

每个人都需要做出选择：独自等候还是愿意结伴等候。

选择的结果是，实验组被试 32 人中有 20 人选择结伴，占 62.5%；控制组被试 30 人中只有 10 人选择结伴，约占 33.3%。这个实验结果说明，越是在焦虑、恐惧的情境下，人们合群或亲近他人的倾向越强烈。处于高度恐惧中的人比处于低度恐惧中的人亲和需要更加强烈，这就是人际吸引的基础所在。

一个人在整个社会活动中都会不同程度地表现出亲和动机倾向，因为人类整个社会发展都离不开人与人之间的团结友爱、相互扶持和帮助。亲和动机强烈的人能够激发你的亲和动机，这样你能够对朋友、对家庭、对团体充满向往，并渴望同他人建立一种融洽的关系，渴望成为一个群体中的一员，渴望友谊、被别人关爱、不受排斥。

与他人加强情感的交流尤为重要。不要拒绝与他人交流，试着去学会打开自己紧闭的心扉，你会发现身边的朋友其实像一道保护墙，在身边默默地关心你，你自己并不是孤单的。你要融入社会，要不断树立起对生活的信心和勇气，只有这样，才能真正体会到人生的美好。

走出羞怯和自卑的心理困境

羞怯与自卑不同，但是在交际中，很多羞怯心理都是与自卑相关联的。我们都知道有一种很有趣的植物——含羞草，它是一种会"害羞"的草，只要你用手轻轻碰一下，这种草的叶片就会马上合拢，随后又会慢慢还原，因此而得名含羞草。这种神奇的植物为什么会"害羞"呢？原来，含羞草叶柄基部有一个叫叶枕的特殊构造，里面含有充足的细胞液，当你用手触摸它的叶子时，叶枕中的细胞液马上流向两边，叶枕瘪了，叶子就像害羞了一样垂了下来，这恰似人们的害羞心理。

在人类社会，也有人会在与人交往的时候感到害羞。在一个心理学实验室，有一些孩子在玩一款古老又不过时的肥皂泡游戏，这是心理学家萨姆·普特纳姆设计的实验，这个游戏能把喜欢探索创新的孩子和那些腼腆的孩子区分开。

这个实验道具很普通，只是从超市买来的肥皂泡沫和一些恐怖面具，但是实验本身却很有意义。在实验室里，当工作人员戴上恐怖的面具吹泡泡时，孩子们的表现各不相同。有的孩子高兴地大叫，欢天喜地地冲向这些肥皂泡沫；也有孩子悄悄地躲在门后，看着别人又疯又闹；还有很多孩子被吓得大哭起来。

这些有不同反应的孩子表现出不同的性格，心理学家认为，害羞之谜也许就存在于这些难以捉摸的性格差异中。美国哈佛大学心理学家杰罗姆·卡格恩说："当我们同陌生人在一起时，害羞要比正常紧张或半信半疑的焦虑状态更强烈。"容易害羞的孩子患有社交恐惧症的风险会更高。

荷兰哲学家斯宾诺莎曾说："害羞是畏惧或害怕被羞辱的情绪，这种情绪可以阻止人去做出某些卑鄙的行为。"我们常把内向型的人等同于害羞的人，其实不然。害羞的人确实更有可能是内向型的人，但内向型的人不全是害羞的人。当绝大多数人都和谐地融于社会交往时，害羞者似乎就成了异类。其实，害羞是一种正常反应。美国俄亥俄州立大学的威廉·加德纳教授说："它是人类性情表现的一方面。"

但是，在交际中，过度的羞怯和自卑心理会使人消极保守、沉溺在自我的小圈子里，不利于成功，甚至有可能造成心理障碍。

尤其是在现今社会，人与人的交流十分密切，无论是在工作还是学习中，都避免不了与人发生直接联系。但是随着网络和其他先进的交流手段的普遍应用，越来越多的人在交际中陷入困境。社交恐惧不再是少数人的专利，很多人害怕与人说话，当众说话更是会让他们感到恐怖。

做着会计工作的张婷，工作勤奋，任劳任怨。工作三年，有两年被评为优秀员工，她却一次也没有去领奖，是因为害羞不敢上台，实际上她平时见到陌生人就脸红，别人与她开句玩笑便能闹个大红脸，同事们聊天时她便一个人躲在一旁。

上下班的路上遇到认识的人，她就从边上溜走，别人跟她打招呼，她只是低着头应一声。单位领导认为她学历高，为人又谦逊，所以想重用她。

宣布任命那天，她极力掩饰内心的恐惧，假装若无其事地坐在会议室中。可当领导要求她表态时，她感觉脸上发热、四肢发抖，嘴巴僵硬得没办法出声，头脑中一片空白，呼吸短促，好似失去控制一样，于是她匆匆走出了会议室。

张婷的羞怯导致了自卑心理，这影响了她的工作和正常的生活，在心理学上，她的反应被称为"赤面恐惧症"。通常情况下，在与人交流中脸红是羞怯的最常见的现象。在我们与陌生人交往中，遇到所谓身居要职的人，包括上司、领导或者专家都会产生紧张的感觉，这时心脏跳动加速，促进血液循环，其表现之一就是脸红，而很多人也因此受到脸红的困扰。

这本是一种交际中的正常的应激反应，而有羞怯心理的人会感觉自己有不得体的地方，或者犯了对方一定会知道的错误。他们常常担心自己被别人否定或者被别人耻笑，也许他们曾经在生活中遇到过类似的尴尬境地，所以他们过分追求一种保护，然而这种保护恰恰不能让人免于尴尬。

的确，害羞与不害羞究竟是好是坏，不能一概而论，但都不能超过一个有限的度。尤其是在社交中，我们一定要鼓起勇气战胜自己的羞怯与自卑，因为这是我们与对方平等交往的前提。

掌握克服羞怯的技巧

现代社会，交际能力愈来愈重要，但相当一部分人有不同程度的羞怯心理，从而给交际带来了障碍。

成年人的害羞比例比青少年要小。但这并不是说随着年龄的增长，羞怯感会自动消失。因此，必须采取一些克服它的办法才行。

无论是先天羞怯还是后天羞怯，都需要接受一些社交训练，如练习同陌生人交谈。害羞者可以从非常具体的小事做起："某天我将向一个陌生人作自我介绍。"然后，就事先背诵或练习谈话内容，想好话题。

先天羞怯的人通常需要进行某种松弛训练，如做深呼吸、运动等。他们需要学会如何使自己镇静下来。后天羞怯的人需要更实际地评价自己。如果他们注意一下其他人，就会发现自己其实并没有想象的那样糟。

克服羞怯要学会克制自己的忧虑情绪。凡事尽可能往好的方面想，多看积极的一面。相信大多数人是以信任和诚恳的态度来对待自己的。我们不应将自己置于不信任和不真诚的假定环境中，因为那样会使我们对别人总是怀有某种戒备心理。即使自己偶有闪失或者并无闪失，也生怕别人看破似的。这种心态会让自己感到惶惶不安，进一步加重羞怯心理。人们可以通过意志的力量来改变自己性格上的许多缺陷，克服诸如优柔寡断、神经过敏、胆怯等不良心理。一些知名演员、演说家、教师，在青年时代都曾是胆怯害羞的人，但是后来他们却能在大庭广众之下口若悬河。这是因为他们意识到必须克服害羞心理，并付诸实践所取得的成效，而非因为他们天生就具有某种得天独厚的优势。事先做好准备，答题时就会应对自如；熟记演讲内容，演讲时便会口若悬河；开口发言时声音洪亮，结束时也会掷地有声。除了这些策略与技巧之外，更重要的是，要培养自己各方面的能力，因为有能力才会有自信，才能克服自卑、羞怯的心理。

有社交恐惧症的人如何做好心理调适

社交恐惧是现代人常见的心理问题，很多人担心与人交往，和陌生人羞于启齿，见到异性便不由自主地脸红，当众说话更是难上加难。他们担心自己陷入尴尬的境地或者在众人面前出丑，于是便回避与人交往和发言的场合。

下面故事中的文清就遇到了社交恐惧症的困扰。

文清是大学四年级的学生，人如其名，外表文静、温柔，又很聪慧，成绩一直很优异。临近毕业，她被学校推荐为免试研究生。然而，自从高二开始，她就患了一种怪病——不敢见异性。只要与异性在一起就会脸红、心慌、紧张、口吃、手足无措，虽经多方求医，也多次给报纸杂志写信求援，但收效甚微。为此她非常恨自己，也常常问自己这一切有什么好脸红的？

但是她就是无法控制自己的想法，无论如何努力，也控制不了脸红、紧张。于是，遇到有异性在场的情况，她只好赶紧走开。有时不得不与异性打交道，她也尽量与人保持距离，办完事赶快逃走。在上课的时候，她总是选择最后一个进教室，坐在最后一排，下课最先一个离开教室，就像逃跑一样。上课时也总是忐忑不安，唯恐哪位男生在注意她，因而听课效率极低，只好靠着女同学的笔记来复习。虽然成绩还算理想，但是马上就要毕业了，这样下去太影响生活，总不能一辈子不与异性来往吧。真不敢想象如此下去会是什么样子。

　　她自己也不明白，好像就是害怕别人看出自己脸红，别人要是看出自己脸红，不一定会怎么想呢。很可能别人会想：她脸红了，心里肯定在想什么见不得人的事。

　　没有办法，她被父母带到了医院进行心理咨询，经过了解，她才知道真相。

　　原来，文清出生在一个世代书香之家，爷爷是某中学教师，父亲为大学教授。她深受传统家教的熏陶，从小就是听话的好孩子，学习认真，尊敬长辈，懂礼貌，成绩也很好。但她生性腼腆，从来不敢与男孩子多讲话。

　　第一次发病时，正值一位男老师讲课。这是一位刚从某名牌大学毕业的高才生，身材高大，长相英俊，善于与人交谈，气质颇佳，在大学期间历任学生干部，一直是女生心目中的偶像。接触之初，文清感觉老师很有才华，也很有风度。发病那天，文清在听课时突然对老师有种异样的感觉，似乎有一种冲动，想与老师亲近。当时，她马上就脸红心慌了起来，唯恐这种"肮脏"的念头被别人窥见。

　　以后，每当这位男老师上课时，她总是提心吊胆，唯恐自己再出现那种"不应该"的想法。谁知她越害怕反而越往那方面想，因此非常紧张。后来又由于担心在其他男老师上课时会恐惧，甚至发展到了见到男性就恐惧的地步。

　　由此可见，患有社交恐惧症的人是非常痛苦的。这是因为，许多一般人能够轻易做到的事情，他们却往往望而生畏，并且觉得自己没用。越是这样想，他们越是感觉焦虑，这样一来，就会让自己越来越敏感。

　　其实这个社会中不光只有你需要面临社交的焦虑和恐惧，几乎所有人都曾在某个时刻被突如其来的社交恐惧所打垮。一份来自美国的研究资料显示，约有40%的人在社交场合感到紧张，那些神采奕奕的政界人士和明星，也有手心出汗、词不达意的时候。虽然有一些人表面上侃侃而谈、镇定自若，实际上内心也在焦虑不安。

可见，社交恐惧是一种常见的心理问题。只要你能够调整心态，做好自己的心理调适，就能够让自己适应社交生活，走出封闭的圈子。

1. 恢复勇气，不被安全感所迷惑

有意识地寻找各种机会发表言论、与人沟通，可以帮助自己快速建立信心。通过在各种场合下与各种人进行交流，能够锻炼自己的胆量，慢慢地消除羞怯与恐惧心理。

2. 珍惜发言的机会

任何一个人在讨论自己擅长和熟悉的内容时，都会比谈论那些对自己来说完全陌生的内容更有自信，这与口才无关，而是受到信心的影响。所以，我们在平时可以增加自己的知识量，不但要学习感兴趣的知识，还要多了解一些自己不熟悉但世人皆知的常识。这样不但可以让你在特定领域与人沟通时更顺畅，也可以避免在讨论其他内容时犯一些低级错误，从而打击自信心。

3. 不要怕丢面子

首先要记住一句话：也许真正看重你的面子的人只有你自己。事实上，很多人之所以不愿意与人交往，是怕说错话被人嘲笑、丢面子。而事实是没有人愿意记住别人丢脸的事，真正在意这种状况的也许只有你自己。如果你自己过分在意别人的眼光，反而会放大你在别人眼中的缺陷。所以，不要怕丢面子。因为你越是担心，反而越容易束手束脚，引发别人的关注。

4. 不要过分追求安全感

对安全感的过分追求只会适得其反。很多人存在社交恐惧的原因是在内心过度放大了那些因说错话而带来的负面影响，这样的心态会让自己在与人交流时始终处在紧张不安的状态下。所以放弃过分追求安全感，走出自己的心理"牢笼"，是参与社交的第一步。

坚持实践这些办法你就会发现，其实与人交流远没有你想象中那么难。甚至在你有过几次与人愉快交流或者当众成功发言的经历后，你很容易就能找到其中的规律，从而发现与人交往的乐趣。如果你每次都照着上次成功的经验去做，不久你会很自然地发现自己的朋友开始增多，你也愿意大胆地开口与陌生人交流，社交困扰开始减少，你所担心的社交障碍也就慢慢消除了。

友情是一剂灵药，能疗好自闭的伤

我们需要友情，友情是为心灵疗伤的灵丹妙药。治好了心灵的伤病，身体的病痛也就减轻了。

有一个叫德诺的少年，10岁那年，因输血不幸染上了艾滋病。伙伴们都躲着他，只有大他四岁的爱笛依旧像从前一样跟他玩耍。

一个偶然的机会，爱笛在杂志上看见一则消息，说新奥尔良的费医生找到了能治疗艾滋病的药物，这让他兴奋不已。于是，在一个月明星稀的夜晚，他带着德诺悄悄地踏上了去新奥尔良的路。

为了省钱，他们晚上就睡在随身带的帐篷里。德诺的咳嗽更加严重了，从家里带来的药也快吃完了。这天夜里，德诺冷得直发抖，他用微弱的声音告诉爱笛，他梦见两百亿年前的宇宙了，星星的光是那么暗，他一个人待在那里，找不到回来的路。爱笛把自己的鞋塞到德诺的手上："以后睡觉就抱着我的鞋，想想爱笛的臭鞋还在你手上，爱笛肯定就在附近。"

孩子们身上的钱差不多用完了，可离新奥尔良的路还很远。德诺的身体越来越弱，爱笛不得不放弃了计划，带着德诺又回到了家乡。爱笛依旧常常去病房看望德诺，他们有时还会玩装死的游戏吓唬医生和护士。

秋天的下午，阳光照着德诺瘦弱苍白的脸。爱笛问他想不想再玩一次装死的游戏，德诺点点头，然而这回，德诺却没有在医生为他摸脉时忽然睁开眼笑起来，他真的死了。

那天，爱笛陪着德诺的妈妈回家。两人一路无语，直到分别的时候，爱笛才抽泣着说："我很难过，没能为德诺找到治病的药。"

德诺的妈妈泪如泉涌地说："不，爱笛，你找到了。"她紧紧搂着爱笛，"你给了他快乐，给了他友情，给了他一只鞋，他一直为有你这个朋友而感到满足。"

的确，我们喜欢与朋友相处。这是因为喜欢我们的人使我们体验到了愉快的情绪，一想起他们，就会想起和他们交往时所拥有的快乐。

很多人都抱怨身边没有真正的朋友，对于他们来说，他们有时将自己封闭起来，不肯走出自己的世界，主动与那些乐观阳光的人去交流。所以当他们交流的欲望被自己压抑以后，带来的便是深深的孤独感。

所有的朋友都是从陌生到认识再到一步步发展成为朋友的。任何深厚的友谊都是由陌生向成熟的阶段培养而建立的。可以说，学会和陌生人交往，既是提高个人社交能力的需要，也是结识新朋友、建立人脉的重要途径。

美国前总统罗斯福是一个非常善于结交朋友的人。在一次宴会上，他看见席间坐着许多不认识的人，他想与这些人相识。于是，他找到一位熟悉的记者，从记者那里一一打听清楚了那些人的姓名和基本情况。然后主动和他们接近，叫出他们的名字，并与他们谈论一些与他们的生活或工作有关的事。当那些人知道这位平易近人、了解自己的人竟是著名政治家罗斯福时，大为感动。此后，这些人都成了罗斯福竞选总统的支持者。

所以，只有你认识到这个世界没有所谓的陌生人，只有未结识的朋友，把每一个陌生人都当作你的下一个朋友去看待，你才能真正走出社交恐惧。

其实，只要大方地先伸出你的双手，对方一定会给你热情的回报。我们的生命中总会遇到许多陌生人，既然有缘相遇并相处，就要学会珍惜，学会在相处的每一刻创造快乐，那也是我们人生旅程的一部分，是我们生活的点滴。伸出你的手，露出你的微笑，你的世界会因你而改变。

也许你今天在长途旅行，长途车上一定有陌生的同伴，不要先等别人来跟你打招呼，主动说一句"你好"就可以开始你们的交谈。跟陌生人聊天其实是最轻松的事，你首先可以从互相自我介绍开始，或者不用自我介绍，随便就一个话题展开讨论。跟陌生人聊天不用顾虑太多，因为彼此不熟悉，你可以随意地发表自己对某事的看法，不用担心对方对你的看法，因为他（她）不是你生活中的一员。

常见的社交心理障碍调节术

现代生活中很多人深受社交障碍的折磨，他们远离人群，将自己的内心封闭，过着自怜自艾的生活，甚至有些人因此而性格扭曲。

刘岩刚刚考上大学，觉得苦难的高中生活终于离自己远去了，大学就先多玩玩，把之前那三年没玩的都补回来。于是，刘岩每天除了上课就是和同学在一起玩。后来，他迷上了网络，打游戏、聊天，玩得不亦乐乎，经常在电脑前一坐就是一天一夜，后来还经常逃课。放寒假回家以后，刘岩的父母发现这孩子变化很大，不爱说话，总是发呆，别人和他说话的时候他没办法集中精力，总是想到网吧去上网。刘岩觉得，只有网络才能给他真正的快乐，身边的人和事与网络世界比起来都显得十分没意思。

这是沉迷于网络带来的社交障碍。社交心理障碍会严重阻碍人际关系的正常发展。芝加哥大学的心理学家约翰·卡西奥波说道:"我们已经发现社交生活是人类生活的一个基础部分。"

社交障碍在某种程度上是不能接受自己的一种表现,根本原因在于不能欣赏自己。想要调节社交障碍,就要改变心态,学会接纳自我。下面是心理学家找到的调节方法,或许能为你提供一些方法。

第一,转移注意力。

许多存在社交障碍的人常常喜欢把注意力集中到某一点、某一特定具体事物上,因而导致对外界、对他人的冷漠和自闭。只要注意培养自己在其他方面的兴趣和爱好,转移注意力,在大脑中建立新的兴奋点,社交障碍就会很快消失。

第二,以积极的态度对待生活。

树立确定可行的生活目标,既对明天充满希望,又珍惜每一个今天。正确对待挫折与失败,以"失败为成功之母"的格言来激励自己,信念不动摇,行动不退缩。乐于与人交往,增强信心与情感的交流,增进相互间的友谊与理解,得到勇气和力量。增强适应能力,培养广泛的兴趣爱好,保持思维的活跃。

第三,敞开心扉,结交挚友。

遇见可结交的朋友,务必要用真诚的心爱他们,像爱你的父母或子女一样。不可盛气凌人地对他们,不可听信谗言远离他们。要有福同享、有难同当,这样,你才能得到真正的朋友。真诚友好、相互关心的人际关系,会带来好心情。

第四,告诉自己:没有十全十美的人。

有些人经常将自己和他人比较:比较工作、比较成就、比较外形、比较能力,然后在比较的落差中失落、自卑。须知,没有一个人是十全十美的。

第五，在心里播撒一颗自信的种子。

自信是人生不竭的动力，它能帮你战胜自卑和恐惧。你相信自己会成为什么样的人，并且去做了，你就会成为你希望成为的那个人。

第六，在社会交往中开放自我。

现代社会要求人不仅要"读万卷书，行万里路"，还要"交八方友"。交往能使人的思维能力和生活机能逐步提高并得到完善；交往能使人的思想观念保持更新；交往能丰富人的情感，维护人的心理健康。

克服社交恐惧症的规则手册

（1）正确认识社交恐惧症的根结。社交恐惧其实是进化的结果，人们对陌生人的恐惧也会通过基因遗传，再加上父母在自我认识上的影响。这些都不是自己能决定的。

（2）重新认识过去那些消极的想法。你一直强调的那些消极的想法，事实上已经被你夸大和扭曲了。好好审度一下自己，你会明白其实自己也很优秀。

（3）衡量改变的边际成本及边际收益。为了更好地与他人相处，跟上生活的节奏，你需要做那些让你反感、感到焦虑的事。这种焦虑并不会让你陷入难堪，但它可能会让你感到很不舒服。但是，你想想看，如果没有这种焦虑，你的生活将会变得多么美好。因此，你应当鼓起勇气去承担、去经历。

（4）不是所有的人都是挑剔的，摆脱那种腐朽的观念。有些人也许很挑剔，但大部分人都是胸怀宽广的。大家都愿意接纳你。

（5）寻找积极的、正面的信息。试着去发现那些美好的事物，把注意力集中在别人给你的积极回馈上。寻找这种信息，你就一定会找到成功的感觉。

（6）做一个优秀的倾听者。不要去想你给别人的印象到底怎么样，把注意力放在正在进行的谈话内容上就行。

（7）正视你最坏的自我评价。回击你心中那些自我批判的想法，证明它们是不理性的、有失公允的，只是浪费你时间和精力的一种可笑行为。

（8）抛弃你眼中的那些安全行为。不用刻意假装沉着镇定，你是安全的。

（9）客观地看待你的焦虑。焦虑是生活的一部分，每天都在发生各种各样让人意想不到的状况，但是我们依然在正常地进行日常生活。焦虑并不危险，它不过是生活中的一种警报。

（10）让你的症状更显性。放弃隐藏自己的焦虑，让它更明显，刻意地颤抖自己的双手，甚至在你大脑空白的时候，大声说出来。即便是有人觉得你有所不同，但谁也不会将你赶出这个世界。

（11）勇敢地面对你的恐惧。将那些让你感到焦虑的事付诸实践。给自己列一个每日计划表，与你的恐惧做一个面对面的对决。

给自己的恐惧分级。从做最不害怕的事情练起，慢慢提升事情的等级。

想象并体验那些场景。大胆发挥你的想象力，试着去想象你已经能够成功地面对这些恐惧。

赶走你在这些场景中的消极念头。认清你的不理性想法，勇敢地挑战它们。

（12）不在事后埋怨。不要去反思你的"错误"，想着自己做得多么差。想想你现在的表现有多好，你可以面对更加深层的恐惧。

（13）肯定自己。每天都是崭新的一天，要有信心去面对生活中的各种挫折。相信自我，超越自我，保持良好的状态，克服生命中面临的各种障碍。

第四章
从今天开始,融入社交圈

杜绝自闭，沐浴群体阳光

自我封闭是指个人将自己与外界隔绝开来，很少或根本没有社交活动，除必要的工作、学习、购物以外，大部分时间将自己关在家里，不与他人来往。自我封闭者都很孤独，没有朋友，甚至害怕社交活动。

自我封闭心理实质上是一种心理防御机制。由于个人在生活及成长过程中常常可能遇到一些挫折，挫折会引起个人的焦虑。有些人抵抗挫折的能力较差，使得焦虑越积越多，他只能以自我封闭的方式来回避环境，降低挫折感。

李珂在一家大型国有企业做技术工作，月薪上万。最近，他面临着深深的困惑。他们部门要选一名科长，他认为自己完全有能力胜任，然而却落选了。在和同事的相处中，他还受到了排挤，向上司请求换岗，也遭到了拒绝。其实李珂是一个比较有能力的人，上学期间曾经是班里的团支书，经常组织同学办板报，搞一些活动，学习成绩挺不错，文笔也挺好，还写得一手好字。没有想到，工作以后却连连受挫，这强烈打击了他的自信心。于是，他看到的都是自己的缺点，逐渐变得自卑起来。而自卑的人，自尊是极强的，也是很脆弱的。为了避免再让自己受挫，李珂便选择了逃避，以后再有什么活动他也很少参加，常找借口推辞。慢慢地，他对任何活动都失去了信心，失去了兴趣，渐渐地把自己封闭起来了，在自我的圈子里孤芳自赏，偶尔也感叹一下生不逢时。日久天长，李珂便不能自拔地成了一个自闭的人。

那么，怎样才能从自我封闭中走出来呢？可以按以下步骤进行训练：

第一步：初期训练。

每天下班后，不要急于回家，而是先到百货商场、农贸市场等人多的地方逗留一段时间，引导自己对周围环境里的人和事物感兴趣，然后回家将自己所观察到的一切记录下来。

如果刚开始怕人多的地方，可以先从人少或无人的环境开始。另外，在外逗留的时间也应遵循由短到长的原则。

第二步：中期训练。

（1）阅读一些有关基本沟通技巧方面的书籍和文章，如怎样和人打招呼、怎样和人开始谈话、谈话的礼貌等。

（2）到某百货商店询问一种商品的价格。

（3）向陌生人问路，其中包括年长的、年轻的和年龄较小的同性和异性。特别是要完成一次向年轻英俊、漂亮的异性问路和一次向看起来并不和善的人问路的任务。

（4）买一种商品，然后退货。退成退不成无关紧要，重要的是你敢于并能够向店方陈述你的理由。

注意：每完成上述一个步骤，都要写下感想，分析自己运用前面所学的沟通技巧的情况，总结自己的长处和不足。对于长处，要在以后的行动中坚持下来；而对于不足，要通过再一次的补充练习加以纠正，直至基本克服为止。

第三步：后期训练。

（1）每天向同事询问一项有关单位的业务问题。

刚开始，可以选择那些比较和气、比较宽容的同事，然后再选择那些脾气不太好、看起来不太好打交道的人询问。

询问时要抱着虚心求教的态度，认真倾听。眼睛要经常注视着对方（但也不是始终死盯着不放），并有所反应（如点点头，表示明白了）。若可能的话，找一个比较容易接近和有耐心的人给你指点一下。

（2）在业余时间，主动参与同事们的聊天。

刚开始你可能不太会说，没关系，你只需耐心地倾听就够了。等过一段时间后，你也可以适时地发表一下自己的见解。为了使自己更成功，你应"备备战"，如头一天晚上有准备地看一场球赛，或从报刊上记下一个有趣的事例，到第二天用它来参与聊天。

（3）约同事一起出去逛街、吃顿便饭、看个展览之类的。

希望你把这一训练过程完整地坚持下来，到那时，你将摆脱孤寂，拓展自己的生活圈子，使自己快乐起来。

打开自闭心灵，寻找快乐的天堂

一个富翁和一个书生打赌，让这位书生单独在一间小房子里读书，每天有人从高高的窗外往里面递一次饭。假如能坚持10年的话，这位富翁将满足书生所有的要求。于是，这位书生开始了一个人在小房子里读书的生涯。他与世隔绝，终日只有伸伸懒腰，沉思默想一会儿。他听不到大自然声音，见不到朋友，也没有敌人，他的朋友和敌人就是他自己。

很快，这位书生就主动放弃了打赌。

因为书生在苦读和静思中终于大彻大悟：10年后，即便大富大贵又能怎样？

从这个故事中我们得到了很多启发：可以说自从世界上出现人类以来，相互交往就一直存在，即使是病人，聚在一起也比独处要轻松。现代社会生活中，与世隔绝、独处一室是非常不切实际的做法。人际关系就像是一盏灯，在人生的山穷水尽处，指引给你柳暗花明又一村的繁华。要创造理想的人生就要从铺好你的人脉开始……

张辉在一家公司做一名管理人员。在公司产品遭遇退货、赔款，公司濒临倒闭，公司高层们急得团团转而又束手无策时，张辉站了出来，提供了一份调查报告，找出了问题的症结。此举不仅一下子解决了公司的难题，还为公司赚了几百万元。

因工作出色，张辉深受老总的重视，不久就成为全公司的一颗明星。凭着自己的智慧和胆略，他又为公司的产品打开国内市场立下了汗马功劳，并在两年时间内为公司赚回几千万元利润，成为公司举足轻重的人物。

张辉踌躇满志，以为销售部经理一职非他莫属。然而，他没有被提职。本来公司董事会要提拔他为公司主管销售的副总经理，却由于在提名时遭到人事部门的强烈反对而作罢，理由是各部门对他的负面反应太大，比如不懂人情世故、不和同事交往、骄傲自大……让这样一个闭门自封的人进入公司的决策层显然不太适宜。

销售部经理一职被别人担任了，他只好拱手交出自己创建并培养成熟的国内市场。这就好比自己亲手种下的果树上所结的果子被别人摘走一样，令他非常痛苦和不解。

他不明白，公司怎么能这样对待自己呢？自己到底错在哪里？后来，还是一个同情他的朋友为他破解了疑惑。

难怪那一次，他出去为公司办理业务，需要一笔汇款，在紧要关头却迟迟不见公司的汇票，业务活动"泡汤"，令他很难堪。这实际上是一个出纳员给他穿了一次"小鞋"。因为平时张辉对人比较傲慢，没有把其他人放在眼里。

还有一次他在外办事时需要公司派人来协助。但没想到人还没到，公司就突然把人撤回来了。原来是一些资历较老的人觉得他很"孤傲""目中无人",在工作上从不与他们交流,所以想尽办法拖他的后腿,让他的工作无法展开。

尽管张辉工作业绩辉煌,但他忽视了人际关系的重要性。那些他不熟悉的、不放在眼里的小人物,在关键时刻照样会坏他的大事,阻碍他在公司的发展和成功。在无可奈何的情况下,他只好伤心地离开了公司。

许多杰出的人士,之所以被能力不如自己的人击垮,就是因为不善于与人沟通,不注意与人交流;穷困潦倒的英雄,只要懂得在群体中投入情感,建立深厚的关系,就可能一飞冲天、一鸣惊人。

人是高级的感情动物,注定要在群体中生活,而组成群体的人又处在各种不同的阶层,具有各自的属性,适当地进行感情投资,有利于在社会上建立一个好人缘,只有人缘好,才能有一个好的形象,你的人际交往才能如鱼得水。

懂得人情世故的聪明人,平时就很讲究感情投资、讲究人缘,其社会形象是常人不可比的,遇到困难很容易得到别人的支持和帮助。因此,这样的聪明者其交友能力都较一般人占有明显的优势。

赢得好人缘要有长远眼光,要在别人遇到困难时主动帮助,在别人有事时不计回报,"该出手时就出手",日积月累,留下来的都是好人缘。

就像西德尼·史密斯所说:"生命是由众多的友谊支撑起来的,爱和被爱中存在着最大的幸福。"一个人如果孤立无援,那他一生就很难幸福;一个人如果不能处理好人际关系,就犹如在雷区里穿行,举步维艰。"条条大路通罗马",而善于交际的人可以在每条大路上任意驰骋。

走出孤独

许多寂寞孤独的人之所以会如此，是因为他们不了解友谊并非从天而降的礼物。一个人要想受到他人的欢迎或被人接纳，一定要付出许多努力和代价。情爱、友谊或快乐的时光，都不是一纸契约所能规定的。

一次，有个人问农夫是否种了玉米。

农夫回答："没有，我担心天不下雨。"

那个人又问："那你种了油菜吗？"

农夫说："没有，我担心虫子吃了油菜。"

于是那个人又问："那你种了什么？"

农夫说："什么也没种，我要确保安全。"

这种把自己关起来不去尝试的人，到头来什么也不是。他们被自己的态度所捆绑，是丧失了自由的奴仆。因为不想尝试冒险，所以他们不能学习、改变、感受、成长、爱或生活。

虽然孤独是每个人都会有的心理体验，但并不是每个人都能成功地克服孤独感。有人用喝酒排遣孤独，有人把时间安排得满满当当，让孤独的感觉没有缝隙可钻。但用这样的方式驱走的是寂寞而不是孤独。对孤独的体验和玩味也会使我们富有个性、善于思索，走向心理成熟。这就需要我们战胜孤独、超越孤独。

小丽是一名大三的学生，她对自己的人际交往总觉得没什么信心。平时在宿舍里的时候总觉得别人是在和自己过不去，走在路上也觉得对别人怀有敌意。她从小在家里就经常独自一人，因此养成了独立的习惯。她认为这个习惯在高中也给她带来了很多方面的影响，但总的来说是利大于弊。它帮助她排除了别人的干扰，使得她能够专心致志地学习，从而取得了十分优秀的成绩。但到了大学后她觉得自己开始不适应了,学校在各个方面都强调综合素质的发展,而不只是学习成绩。她觉得很难与他人沟通,总是无法与他人交流,总对他人怀有敌意,对自己的事情总是有太多的不平衡感,精神上压力一直很大。不仅自己很痛苦,身边的同学也感觉到很不愉快。

这是一种心理疾病,有这种心理的人如果在比较狭小封闭的空间内也许还可以生存,但如果换到更大的环境里,他显然就会被淘汰。小丽为什么会有这样的心理呢?主要原因可能有三点:

1. 对他人和自我的消极评价

孤独的人可能更内向、焦虑,对拒绝反应更敏感,并且更容易压抑痛苦。孤独的人在朋友身上花费更少的时间,不经常约会,也很少参加集会,没有什么亲密的朋友。在人际交往时,他们对自己和对方的评价非常消极。

2. 基本社交技能的缺乏

有的人乐意与别人交往,可一旦进行比较重要的而且时间较长的交谈就会陷入窘境,缺乏基本的社交技能,更没有机会去训练社交技能,所以,难有长久的朋友。他们对自己的伙伴不太感兴趣,常常不能对对方所说的话加以评论,也较少向对方表明自己的观点。相反,这些孤独者更多的是谈论自己并且常介绍新的与对方的兴趣无关的话题,倾向于扮演一个被动消极的社交角色,也就是说,在交谈中不愿付出太多努力。所以,我们常常感到与孤独者交往很没意思,这是因为他们可能以某种方式不自觉地赶跑了潜在的朋友,而他们自己却不知道这一点。当别人期望他们多暴露时,他们却暴露得很少;而当别人不期望他们过多暴露时,他们却暴露得太多。结果,在别人眼中他们是冷淡的或不可思议的,别人也据此做出了不愿与他们交流的反应。

孤独者因为采用消极的交往方式,并缺乏必要的社交技能,而难以与他人建立亲密的友谊。于是他们很难建立有助于他们发展社交技能的人际关系，因而难以摆脱孤独。心理学家认为，通过基本社交技能的训练，可以使孤独者走出孤独的恶性循环，并已广泛应用于心理咨询与治疗的实践中。

3. 交往中的挫折

由于缺乏必要的社会交际能力和方法，使得他们容易在人际交往中遭到拒绝或打击，如耻笑、埋怨、训斥。他们的积极性受到打击，便把自己封闭起来。越不与人接触，社会交往能力就越得不到锻炼，他们就越孤僻。

那些能克服孤独的人，一定是生活在怀特博士所说的"勇气的氛围"里的。无论我们走到哪里，一定要培养出与他人亲密的关系。就好像燃烧的煤油灯一样，火焰虽小，却能产生光亮和温暖。

如何摆脱孤独呢？

1. 战胜自卑

因为自觉跟别人不一样，所以就不敢跟别人接触，这是自卑心理造成的一种孤独状态。这就跟作茧自缚一样，要冲出这层包围着你的阴影，你必须首先钻出自卑心理织成的茧。其实，大可不必因为自己跟别人不一样而畏首畏尾，人人都是不同的。只要你自信一点，钻出自织的"茧"，你就会发现跟别人交往并不是一件难事。

2. 正确认识自己和他人

一方面要正确认识孤独的危害，敞开闭锁的心扉，追求人生的乐趣，摆脱孤独的缠绕；另一方面要正确地认识他人和自己，努力寻找自己的优势。孤独者一般都没能正确地认识自己。有的人总以为自己比他人强，总想着自己的优点、长处，只看到他人的缺点、短处，自以为是，认为自己值得和他人交往；有的人倾向于自卑，总认为自己不如他人，在交往中怕被他人讥讽、嘲笑、拒绝，从而把自己紧紧地封锁起来，保护着脆弱的自尊心。这两种人都需要正确地认识他人和自己。

3. 与外界交流

独自生活并不意味着与世隔绝。一个长年在山上工作的地质勘探家说，他常常感到有必要把自己的思想告诉别人，可是他身边却没有人可以倾诉，所以他就用写信来满足自己的这一要求。

当你感觉到孤独的时候，翻一翻你的通讯录，也许你可以给某位久未谋面的朋友发个邮件或者打一个电话，约他周末一起去郊游，或者请几位朋友来吃一顿饭。你亲自下厨，炒上几道香喷喷的菜，别有一番情趣。

和别人分享、沟通是至关重要的。前人栽树，后人乘凉。你沟通的越多，你可以与别人分享的就越多。有时候，我们不想让别人拥有我们所拥有的一切，因为我们不想让别人觉得自己如何，不想把别人放在我们生活的圈子里。然而，事实上，如果你得到了自己想要的一切，并且同别人一起分享你成功的经验，使他们与你一同富起来，这才是真正对你好。如果你和其他人一样原地不动，那么你谁也帮不了。

外面的世界真的很精彩，和孤独说声拜拜！

试着接纳他人

在我们成长的过程中，会在无意识中形成自己的人生观和价值观，形成自己为人处世、待人接物的独特方式。当我们习惯了自己的某些行为，就慢慢容不下他人不同的方式。于是，那些不被认同的东西，往往会被我们有意地排斥在外。

可事实上，一个人想要融入社会并进入良性循环，就必须与他人合作。而一个不能接纳他人的人，是根本无法与他人友好合作的。因此，一个人仅仅接纳自己是完全不够的，还要学会接纳其他的人。

接纳别人会让你具有控制自己破坏性情绪的能力。接纳别人会为你提供一种在面对他人和面对自己时真正意义上的宁静心态。当然，学会接纳别人、尊重别人，别人通常也会对你做出积极的回应。

那么，在实际生活中，我们应该如何去接纳他人呢？

1. 学会倾听，不指责

不论对方怎样，都尊重他人。虽然你一时无法接受别人的观点或者是做事的方式，但是不要当众指责，要为对方留下尊严。

无论他人的行为是否妥当，我们都要做到不加评论、认真耐心地倾听别人的述说。如果你细心、诚恳地聆听别人的心声，会使别人觉得自己非常重要。

2. 主动发现别人的优点

要想做到无条件接纳他人，一定要让对方感受到你的友好与诚意。比如，学会关心别人，关心他的事业和工作，关心他的身体、家人等。同时，还能够从中发现他人的优点，并表达欣赏。要知道，真诚地表达欣赏从来都是深入他人内心的捷径。一定要真诚。

3. 学会尊重别人

尊重是接纳他人的前提。尊重别人要学会角色换位，做到不挑剔、不嫌弃。有足够自信的人，不会在两人之间的差异点上大做文章。挑三拣四很容易弄得不欢而散。要从对方喜欢的角度来欣赏对方，从对方需要的观点出发去接受对方。如果她觉得短发好看，你又何必一定要坚持让对方留长发呢？尊重对方的同时，其实是对自我的肯定。

接纳他人是一种意义深刻、影响深远并能获得成熟的自控能力的转变，如果你意识到这一点并努力去获取它，不仅能够让你获得内心的宁静，还能够以更加宁静的心态去面对这个世界。

融入社会，才能有真正的快乐

《沉思录》的作者、古罗马皇帝马可·奥勒留说过："假如你心中想到了，你就可以做到使自己的生活不脱离人类。你生活在人类中，以人类为生，也为人类而生。生活在众人之中，你不能不舍弃自我，因为我们生来就是相依为命的。如同手足、眼睛，而相依为命不舍弃自我是不行的。"这位哲人的话在今天仍散发着智慧的光芒。

人是社会的人，离开了社会生活与人际交往，人的性格会扭曲变形，这是十分可怕的。自闭的人没有社交活动，对未来失去希望，意志薄弱、生活懒散，逐渐丧失意识的主观能动性，陷入深深的心理困惑之中而不能自拔。只有融入社会，人才能获得真正的快乐。

很多人习惯"自我封闭"，不愿意走出心门，认为独处才能获得安全感。从心理学角度分析，每个人都需要自己的"安全空间"，内心更需要那些我们可以信赖、依靠的人。这样的心理来自幼年的经历，比如我们从小接触的人是家庭成员，所以"信赖家庭成员"成为一种思维模式保留了下来，与他们交流时，我们能够很自然，不会感到恐惧。但是面对更多陌生人时，就有可能排斥对方。社会学、人类学和心理学都通过研究表明，人的心理健康是在人际交往当中形成的；人也是通过人际交往认识自己、评价自己和改变自己的。如果离开了社会生活和人际交往，那么一个人的人格就不能保持完整。

正在上中学的卫东是一个思维敏捷的孩子，他在数学方面的能力堪比一部掌上电脑，在拆装机器方面也很有天分，但是所有的活动都是独自完成的，从不与人交流。在医生试图与他沟通时，他坐在沙发上，跷着两脚，正忙着玩游戏机，头也不抬。过了一会儿，他又丢下游戏机，开始吹肥皂泡，还跑到屋子外面用力地敲窗户，对医生视若无睹。最后，他终于开口说话了，但是沟通并不顺利。医生通过对卫东的动作、语言等方面的观察，最后，确诊卫东为一名自闭症患者。

卫东与外界基本上没有任何交流，他困在自己的情绪世界里，所做出的笑和哭的各种情绪反应也与外界的刺激没有关系。

动物心理学家曾以恒河猴做过一个著名的"社交剥夺"实验。动物心理学家将猴子喂养工作全部自动化，隔绝猴子与其他猴子或人类的沟通。实验结果表明，与正常猴子相比，缺乏沟通经验的猴子明显缺乏安全感，不能与同类进行正常的交往，甚至连本能行为也受到了严重的影响。

这个实验说明社会交往对动物的重要性，对人也是如此。心理学家在对独居深山数十年的人进行研究后发现，沟通的缺乏对人们的语言能力及其他认知能力都有不同程度的影响。对儿童来说，缺乏沟通会严重影响他们的智力发展。

有的人认为社交是一场盛大的舞会，自己则是万众瞩目的明星；而对另一些人来说，社交是带着沉重的镣铐跳舞；还有很多人干脆当了社交逃兵，患上了社交恐惧症。

对于社交恐惧症，心理学家将其分为两大类：一类是"一般社交恐惧症"，即无论处在何种社交场合，都害怕被人注意，害怕被介绍给陌生人，甚至害怕和人发生目光接触；另一类是"特殊社交恐惧症"，即对某些特殊的情境或场合感到恐惧，如害怕当众发言等。然而，不管是哪一类社交恐惧，真正害怕的不是别人，而是自己。

所以罗姆说："人之最根本的需要是克服分离，挣脱其孤独的牢狱。"的确，参与社会活动是人的一种权利，更是一种需要。

每个人在生活及成长过程中都会遇到一些挫折，有些人抗挫折的能力较差，使得焦虑越积越多，最后只能以自我封闭的方式来回避环境。所以他们将自己与外界隔绝开来，很少或根本没有社交活动，除了必要的工作、学习、购物以外，不与他人来往。

很多人认为自闭的现象多数发生在年轻人的身上，其实这样的想法是错误的。自我封闭的心理现象在各个年龄层次都可能产生。儿童有电视幽闭症，青少年有因羞涩而引起的恐人症、社交恐惧心理，中年人有社交厌倦心理，老年人有因"空巢"（指子女成家）和配偶去世而引起的自我封闭心态。这些人通常都表现为不愿与人沟通，很少与人讲话。有了心事，他们会写日记、撰文咏诗等。

虽然社交恐惧是一种逃避心理，但是只要正确地认识它，运用正确的心理学原理和方法技巧，正确地调整自己的心态，就一定能够帮助我们走出这个心理泥潭，从而积极地与他人交往。

与人接触，是人类的必需品

人与人之间的社会交往是每个社会成员的必需品，这深深影响着人的身体与心理健康。有一项著名的心理调查实验：实验选取了两组需要做心脏手术的患者。我们知道心脏手术的危险性比较高，一般情况下即使手术成功，患者的存活率也非常低。通过跟踪调查，在手术6个月后，有良好人际关系的患者的死亡率为3%，而那些人际关系不好的患者的死亡率竟然高达20%。

所以不难看出，人的正常生活和有效发展必须要建立在尽可能多的和外界接触的基础上。人一旦失去感觉，后果将不堪设想。1954年，美国科学家做了一项"感觉剥夺"实验。该实验以每天20美元的报酬（在当时是很高的金额）雇用了一批学生作为被试者。

实验内容是这样的：实验者将学生关在有隔音装置的小房间里，让他们戴上半透明的保护镜以尽量减少视觉刺激。接着，又让他们戴上木棉手套，并在其袖口处套了一个长长的圆筒。为了限制各种触觉刺激，又在其头部垫上了一个气泡胶枕。除了进餐和排泄的时间以外，实验者要求学生24小时都躺在床上。可以说，这样就营造出了一个所有感觉都被剥夺了的状态。

结果，尽管报酬很高，却几乎没有人能在这项实验中忍耐3天以上。最初的8个小时好歹还能撑住，之后，学生就吹起了口哨或者自言自语，有点烦躁不安了。在这种状态下，即使实验结束后让他们去做一些简单的事情，他们也会频频出错，精神难以集中。

实验持续数日后，人会产生一些幻觉。例如，看见大队花栗鼠行进的情景或者听到音乐等。到第4天时，学生出现了双手发抖、不能笔直走路、应答速度迟缓以及对疼痛敏感等症状。实验后需要3天以上的时间才能恢复到原来的正常状态。

由上述实验可以看出，丰富的感觉刺激对维持我们正常的心理状态是十分必要的。这是因为，感觉的存在给人们带来了愉快的享受。

其实，自我封闭心理实质上是一种心理防御机制。个人在生活及成长过程中常常遇到一些挫折、否定，但是没有人愿意面对这种否定。为了逃避这种否定，他们会发展出一些病态的行为方式。

青岚在家里自闭了两年后，王太太才意识到自己女儿问题的严重性。

青岚是2006年的高中毕业生，直到高中毕业前，她一直都是被同龄人艳羡的对象。她聪明、漂亮、性格活泼，有领导才能，而且一直是一所重点中学的尖子生。每个人都认为，她起码会考上复旦大学那一档次的重点大学，如果超常发挥，说不定可以考上北大、清华。并且，大学毕业后，她的人生也一定会是一条康庄大道。

但是，一帆风顺的她恰恰就在高考中发挥失常。不知道为什么，她在高考中失去了感觉。她一点都不紧张，但也一点都不兴奋。结果，她的成绩只能上一所再普通不过的本科学校。

青岚希望复读，但王太太反对。她常用高压方式教育女儿，比如，如果女儿考不了全班前3名，就罚女儿跪半个小时面壁思过。在她心里，这些高压方式其实只是一个策略，她希望能通过严厉的奖惩方法，督促女儿考上如意的大学。但是，如果女儿万一发挥失常，只能上一所普通大学，她也能接受。并且，她看到太多复读的例子，整体上并没有什么更好的结果，所以她不想让女儿冒这个险。

青岚尽管不情愿，但最后还是按照妈妈的安排读了大学。但是，她的性格发生了巨大改变。首先，她不愿意再和高中同学联系。她对妈妈说，她担心别人嘲笑她，更讨厌别人的同情。其次，她也拒绝和大学同学交往，理由是"他们根本不配和我做好朋友！"最后，她也瞧不起自己所上的大学。因为"学校小得可怜，老师也是一群没有素质的人"。

同学们意识到了她的态度，于是联合起来孤立了她。最后，她连课都不愿意上了，成绩越来越糟糕，大二读到一半时，她退学了。

人只有置身于社会环境中，通过社会获得支持性信息，才能不断得到修正和发展。丰富的、多变的环境刺激是人生存的必要条件，在被剥夺感觉后，人会产生难以忍受的痛苦，各种心理功能都会受到不同程度的损伤。

有位哲人曾说过，当我们看见丑陋的东西，我们要庆幸我们还有眼睛可看；当我们闻到不好闻的气味，我们要庆幸我们还有鼻子可闻。的确，我们该庆幸我们所拥有的各种感觉。如果没有与人接触，我们就不会知道什么是快乐、痛苦、孤独等。

人类是社会性动物，需要与其他社会成员互动与交流。一个人如果长时间不与人接触，情绪很容易变得敏感。这种人的心灵是很脆弱的，时常会因为他人一句无意的话导致情绪低落。这种状况发生的频率多了，他们潜意识的自我保护情绪就会打开，内心就会排斥和他人接触，这在无形当中就为自己设置了一道墙，别人走不进去，他们自己也害怕出去，久而久之，人也变得孤独了。

所以，我们都要学会积极地与人交流，提高对社会交往与开放自我的认识。交往能使人的思维能力和生活机能逐步提高并得到完善，丰富人的情感，维护人的心理健康。一个人的发展高度，取决于自我开放、自我表现的程度。克服孤独感，就要把自己向交往对象开放。既要了解他人，又要让他人了解自己，在社会交往中确认自己的价值，实现人生的目标，成为生活的强者。

与社会的其他成员互动起来

有人问苏格拉底生于何地，他答道："生于这个世界。"问他是哪国公民，他答道："我是世界的公民。"我们必须记住这些深刻的话语。每个人都不可能单独生活，马克思说过，"人是最名副其实的社会动物，不仅是一种合群的动物，而且是只有在社会中才能独立的动物"，"人的本质不是单个人所固有的抽象物。在其现实性上，它是一切社会关系的总和"。

一个人一旦脱离了社会，脱离了人类的正常生活，即使有一副正常人的大脑，也不会形成和发展人类的正常心理。刚出生的婴儿要想成长为人类的一员，就必须与社会上的其他成员有正常的互动，必须向这些成员学习如何思考和行为。

这种互动和思考学习的过程就是人的社会化。社会化是一个深入和持续的过程。社会化贯穿了一个人的一生,从出生、童年、少年、青年、老年直至死亡。

美丽的大森林里,被狼群养大的男孩和动物们过着和谐快乐的生活。直到一个女孩走进了他的世界,带他进入人类文明社会,开始新的生活……这是动画片《森林王子》中的片段。然而现实世界的"狼孩"却没有如此幸运,他们的"回归"之路既艰难又漫长,几年到十几年的人类适应期甚至用尽了他们的生命。

1920年,人们在印度加尔各答周边荒野的狼窝里发现了两个由狼抚育过的女孩,大的年约7、8岁,被取名为卡玛拉;小的约2岁,被取名为阿玛拉。后来她们被送到一个孤儿院去抚养。阿玛拉于第二年死去,卡玛拉一直活到1929年。卡玛拉刚被发现时,只懂得一般6个月婴儿所懂得的事。人们花了很大气力都不能使她完全适应人类的生活方式。她没有感情,具有动物习性,像狼一样行走和生活,像家犬一样索要水和食物。卡玛拉两年后才会直立,6年后才艰难地学会独立行走,但快跑时还得四肢并用。她直到死也未能真正学会讲话:4年内只学会6个词,听懂几句简单的话,到第7年时才学会45个词并勉强地学几句话。在最后的3年中,卡玛拉终于学会在晚上睡觉,但她也害怕黑暗了。很不幸,就在她开始朝人的生活习性迈进时,她死去了。据估计,卡玛拉死时已16岁左右,但她的智力只相当于三四岁的孩子!

"狼孩"的事实,证明人类的知识和才能并非天赋的、生来就有的,而是人类社会实践的产物。人脑是物质世界长期发展的产物,它本身不会自动产生意识,它用于思考和加工的原材料来自客观外界,这需要参加社会实践,并与人交往。如果从小丧失了这种社会环境,人类在这种环境下特有的习性、智力和才能就无法发展,一如"狼孩"刚被发现时那样:有嘴却不会说话，有脑却不会正常思维。

家犬不可能学会直立行走，更不可能学会说话，但"狼孩"的体内毕竟有着人类的 DNA。卡玛拉在死时已经逐渐恢复人类特有的习性，这就是人社会化的过程。

"狼孩"在完全没有人类的环境下成长，身上就带有了动物的特征。那么，从小就在与世隔绝的环境下长大的孩子，他们的行为又会是怎么样的呢？

一个小女孩在 18 个月左右的时候被锁在一间小屋子里，她童年的许多时光是在一个小便桶椅上度过的，她父亲在她小时候就将她捆在小椅子上。没有被捆在椅子上时，她就被放在婴儿床上，置于一个没有窗户的房子里。她的母亲被允许给她喂食，但她的父亲不允许她们在房子里发出任何嘈杂的声音，也当然，没有人同她讲话。

当人们发现她时，女孩已是一个消瘦憔悴、情感受滞的少女。她不会说话，但是医生没有发现女孩有任何生理上的缺陷。于是心理学家认为，长期的社会隔离剥夺了她说话的能力。

女孩后来被带到医院接受治疗，之后的生活里她取得了一些进步。例如，学会使用厕所，熟悉若干单词，等等。但是她从未说出一个完整句子。

当然，儿童在与世隔绝的环境中成长的例子是极个别的。但我们可以从案例中得出结论，人之初并不像其他小动物一样具有动物的天性，比如鸭子生下来就能找水和游水。人类的知识与才能不是天赋的，直立行走和言语也并非本能，这都是在与社会成员互动的过程中产生的。

还有人十分羡慕世外桃源般的生活，其实那只是一个理想化了的虚拟世界。而且就算是世外桃源，也必须有人与人之间的交往。一切都靠双手自力更生的生活，绝不会比在现实社会群体中的生活更轻松。

无论是丛林中成长的"狼孩"还是被隔绝于世的女孩,她们的"回归"之路都是社会化的过程。同样,她们呱呱坠地的那一刻,就具备了人之初的属性。在她们回归社会之前,仍保持着人之初的本性,还是一张白纸。尽管关于人之初的本性的争论亘古不休,在宗教、哲学等领域也各有不同,但有一个共同的结论,那就是社会对人的影响。社会能让一个人学会独立行走,学会劳动,学会沟通。所以与人交流是我们的一项技能,更是让我们在社会上获得发展的重要基础。

主动交际,远离自怜的阴影

有些人在生活、事业上遭受到挫折与打击后,精神上感到压抑,对周围环境逐渐变得敏感,变得不可接受,于是选择封闭在自己的世界里。但是人毕竟是社会性动物,难免会与别人发生这样或者那样的联系,所以如果一直封闭自己,必定会给我们的生活带来很多不必要的麻烦。

许多寂寞孤独的人之所以会如此,是因为他们不了解爱和友谊并非是从天而降的。一个人要想受到他人的欢迎,或被他人接纳,就一定要付出许多努力。实际上只要你敢于主动出击,就能够很好地与人交往。林肯曾说:人们的快乐与否不过就和他们的决定一样罢了。

萝拉失去了自己的丈夫,她悲痛欲绝,自那以后,她便陷入了孤独与痛苦之中。"我该做些什么呢?"在她丈夫离开她近一个月之后的一个晚上,她跑来向一位好友求助,"我将住到何处?我还有幸福的日子吗?"

朋友极力向她解释,她的焦虑是因为自己身处不幸的遭遇之中。但时间一久,这些伤痛和忧虑便会慢慢消失,她也会开始新的生活。

"不!"她绝望地说道,"我不相信自己还会有什么幸福的日子。我已不再年轻，孩子也都长大成人，成家立业，我还有什么地方可去呢？"

可怜的萝拉得了严重的自怜症，而且不知道该如何治疗这种疾病。好几年过去了，她的心情一直都没有好转。

统计数据显示，大部分结了婚的女人都比丈夫长寿。但是，一旦丈夫过世，这些女人都很难再快乐地生活。这是因为大部分妻子以家庭为中心，并以家人为主要相处对象，所以她们很容易封闭自己，陷入到自怜中。但是，如果一个人决心摆脱孤独，主动追求幸福的话，那么自然可以让自己重新快乐起来。

很多人也有着与萝拉一样的遭遇，但是，有的人懂得释放自己，主动改变自怜的境遇。有这样一个故事：

在一艘正在地中海蓝色的海面上航行的游轮上，有许多正在度假的已婚夫妇，也有不少单身的未婚男女。他们个个兴高采烈，随着乐队的拍子起舞。其中，有一位60多岁的单身女性也在随着音乐陶然自乐。这位上了年纪的单身妇人曾遭受丧夫之痛，她的丈夫曾是她生活的重心，也是她最为关爱的人，但这一切全都过去了。她一度陷入到自艾自怜的境地。

经过深思之后，最终她决定把自己的哀伤抛开并开始新的生活。

但是她已经自我封闭了太久。有一段时间，她很难和别人打成一片或把自己的想法和感觉说出来。因为长久以来，丈夫一直是她生活的重心，是她的伴侣和力量来源。她知道自己长得并不出众，又没有万贯家财，因此在那段近乎绝望的日子里，她一再自问：如何才能使别人接纳并需要自己？

后来她终于找到了答案——想要远离自怜就要主动与别人交往。心理学家告诉她，得把自己奉献给别人，而不是等着别人来给她什么。心理学家说道："远离自闭没有什么特别的方法，只要你主动就能够做到。在每天起床的时候，你都有两个选择——快乐和不快乐。不管快乐与否，时间仍然会不停地流逝。想让自己快乐起来，就要主动选择。"

明白了这一点，她擦干眼泪，脸上带着笑容，开始抽时间拜访亲朋好友，尽量制造欢乐的气氛。没过多久，她开始成为大家欢迎的对象，经常有朋友邀请她吃晚餐，参加各式各样的聚会。后来，她参加了一艘游轮的"地中海之旅"。在整个旅程中，她一直是大家最喜欢接近的对象，因为她对每一个人都十分友善。在旅程结束的前一个晚上，她的舱旁是全船最热闹的地方。

不难发现，那些能克服孤寂的人，无论走到哪里都善于与人们培养出亲密的关系。而这一切都是靠着自己主动争取得来，而绝非他人的布施。

除了真诚，远离自怜、主动交际还需要一点交际技巧：

1. 重视首因效应

一个人的第一印象给别人的感觉最深，别人也可以从这上面大致看出一个人的内在品质来。同样一个人能否"惹"人喜爱，就看他能不能获得别人的认同，看他怎样恰到好处地满足别人的情感需求。

2. 学会赞扬

找机会赞扬某人，会赢得那人的好感。这是因为人们都有一种显示自我价值的需要。真诚的赞扬不仅能激发人们积极的情绪，得到心理上的满足，还能使被赞扬者产生一种交往的冲动。

3. 学会尊重他人

社会交往中，获得尊重既是一个人名誉地位的显示，也表明他的道德、品行、学识、才华得到了认可。无论是年长者还是年轻者，无论是位尊者还是位卑者，都期望别人尊重自己。因此，那些懂得尊重别人的人，人们对他产生好感就是情理之中的事了。而主动问候就是最便捷、最简单地表达一个人的敬意的交际行为。从问候切入交际活动，十有八九会有一个圆满的结果。

总之，很多人都习惯自怜，或者抱怨身边没有真正的朋友，这是因为他们故步自封，不肯走出自己的世界主动与那些乐观阳光的人交流。当他们交流的欲望被自己压抑之后，随之而来的便是深深的孤独。但是，你一定要记住，与人交往是每个人的自由，又何苦让自己的人生陷入痛苦与不安之中呢？所以，主动交际吧，让自己在与朋友的交往中获得快乐与充实。

从一个人的世界中走出来

凯思·柯林斯曾经说过："把自己封闭起来，风雨是躲过去了，但阳光也照射不进来。"这句话形容那些自我封闭的人就像把自己锁进了坟墓一样，而心理学家说："打开心灵，才能容纳万物；告别自闭，才能沐浴阳光。"这就是说，我们应该大胆地打破自闭心理的束缚，从一个人的世界里走出来。

小凤今年上初中了，是个内向的小女孩。别的孩子每天开开心心地上学，一到学校里就和别的同学打成一片。小凤却像是一只落单了的孤雁，经常一个人躲在角落里。别的同学找她一起玩，她也只是玩一会儿就悄悄地走开了。

每天上课时，小凤似乎也在听讲，但是明显地心不在焉。班主任刘老师很快就发现了小凤的这些异常举动，她决定去小凤家里做一次家访。

这天放学后，刘老师来到了教室，找到小凤："小凤，明天老师准备去你家见见你的爸爸妈妈，你晚上回去告诉爸爸妈妈"。小凤只是点了点头。

第二天放学后，小凤收拾好书包就和刘老师出了校门。一路上，小凤只顾低着头走路，刘老师问了她一些家里的基本情况，问三句，她才回答一句。刘老师感到很纳闷，不知道这个小丫头是怎么了。

来到家里，见到了父母，小凤只说了一句："妈妈，我们老师来了。"然后就进了自己的小房间，再也不出来。

刘老师将小凤在学校里的一些表现告诉了她的爸爸妈妈。妈妈告诉老师："这孩子在家里也不怎么爱说话，上小学的时候她可不是这样的。但是小学升初中的那次考试，她因为感冒发烧，没有考上市重点学校，和她关系不错的几个同学都考上了。从那之后，她就像是变了个人，整天闷闷不乐的。上初中后，我们见她不开心，也没知心的朋友，就鼓励她去找以前的同学玩，但是她说，她们上了市重点学校，自己不好意思去见她们。现在这孩子话越来越少了，平时见到亲戚朋友也像不认识一样。她现在这个样子我们很心疼，但是也拿她没办法。"

经过交谈，刘老师终于明白，小凤是因为升学考试的失败导致她陷入了自己的世界中。从心理学上讲，她内心为了躲避挫折，自己把自己关起来，不愿意面对现实。用逃避的方式来面对人生，就像把头埋在沙漠里的鸵鸟一样。

陷入自己的世界中会与周围的一切产生隔膜，而且经常伴随着"白日梦"，在自己的幻想中寻找安慰。这样无疑会毁掉自己的快乐生活，也会让周围的朋友、亲人一起担心。一项调查显示，认为金钱、财富、健康是生活满意度的主要指标的只占20%，而80%的被调查者认为，孤单、压力才是影响人的寿命以及幸福感的最主要因素。

那么，怎样才能从一个人的世界中走出来呢？心理学家给出了以下建议：

1.学会关心别人

孟子说："爱人者，人恒爱之。"如果你能主动伸出善意的手，就会被无数友好的手握住。如果你期望被人关心，那么你首先得关心别人。关心别人，帮助别人克服了困难，不但可以赢得别人的尊重和喜爱，而且也会给你带来满足感，增强你在人际交往中的自信心。

2. 学会求助

有了困难你要学会向别人求助，而不是一个人自怨自艾。当别人帮你克服了困难，你的心理状态就会从紧张转为轻松。而且，在倾诉的过程中，心理压力就会不自觉地被去除，这样的互助能够加强你与他人之间的情感交流，获得心理安慰。

3. 学会和别人交换意见

良好的人际关系始于相互了解，这种了解基于彼此在思想上和态度上的沟通。因此，经常找机会与别人谈谈话、聊聊天，讨论某些问题，交换一些意见是非常重要的。

4. 不要掩盖自己的真实感情

很多人为了避免让别人看到自己的眼泪而躲到洗手间去，这样的做法会把自己的真性情掩盖起来。生活中，你要遵从内心，听取心灵的声音。这样才能让对方感受到你的真诚，而只有这种真诚才能让人与人打开心灵，接纳彼此。

5. 发自内心地喜欢别人

在生活中，有很多这样的情况，就是两个人的相互喜欢是由一个人对另一个人单方面的喜欢开始的。比如，一个女孩开始时对一个追求她的男孩并没有多少好感，但是这个男孩子表现出了对她特别喜欢的态度，使这个女孩久而久之也对这个男孩动心，最后接受了他的追求。心理学家研究发现，人有一种很强的倾向：人会喜欢那些喜欢我们的人，而不管他们的价值观、人生观与我们是否不同。所以主动争取，是打开心门的第一步。

总之，只有从一个人的世界中走出来才能敞开自己的心灵，这样的人生才会有灿烂的阳光。正如泰戈尔所说的，一个人，正和一把剑一样，不能永远在剑鞘里。剑鞘所隐藏的只是这一武器的主要部分，这一部分所有的剑全都是一样的。铸剑的人只能在剑柄上表现出自己的独特才能，在上面刻上独特的花纹。同样的，一个人应该在社会上表现自己的独特个性。

所以，尝试着打开心扉吧，让别人走进你的心灵城堡，只有这样才能为你赢得友谊和充实的生活。

突破舒适区，和不喜欢的人打招呼

在每个人生活的圈子周围，除了熟悉的亲戚和朋友，更多时候遇到的其实是各色各样的陌生人。虽然他们每天都生活在我们的身边，但对于他们，一般人都会选择以沉默和冷淡来对待。

俗话说："害人之心不可有，防人之心不可无。"和陌生人保持一定的距离，是很正常的社交心理。因为对于陌生的任何一方来说，对方都是个未知数，你不知道这个人对你来说会不会是个危险，于是干脆不去接触。

另外，我们不愿意和陌生人交流的一个原因，是觉得这样做既浪费时间又毫无用处。同正常的人际交往不同，我们常常觉得和陌生人交流是一件没有必要的事情，既不能获得情感上的支持，又没有利益，所以不愿意浪费时间。

这种"不要和陌生人说话"的想法，有它的可取之处。确实，有些时候，有些陌生人是我们完全可以不用交流的。但是另外一些时候，另外一些陌生人，我们是可以交流的。

在很久很久以前，我们所有人都是陌生人。就连你最熟悉的父母，也曾经是彼此的陌生人，可以说你就是两个陌生人交往后的产物。所以，我们不能随便和陌生人搭话，但是也不应该对所有的陌生人都心怀抗拒。如果能够积极主动地和一些陌生人实现有效沟通，将会极大地扩展我们交际的范围，达到扩展人脉的效果。

这是一个循序渐进的过程，你可以尝试去慢慢了解一个你感兴趣的陌生人。等你们深入了解以后，如果发现你们之间没有继续交流下去的必要，那就可以不用再交流。如果觉得有和这个人做朋友的想法，你们就可以继续交流，选择权在你自己。但是，如果连初步的交流都没有，那么，我们永远不会知道，这个人是否会在哪一天，成为你最好的朋友或者最亲近的爱人。

其实，所有的害怕都是缘于不了解。我们把陌生人想象成一个未知数，因为我们完全不了解对方，对对方充满了畏惧。

实际上，如果我们掌握了一定的方法，知道对不同的人采取不同的交往模式，知道怎么去和别人更好地交流，这样，无论对方是不是陌生人，对方是什么样的性格，我们都可以学习他们的优点，来服务于自己。

美国著名记者阿迪斯·怀特曼多年来以记者身份往返世界各地，在当记者的过程中，最令他难忘的就是和陌生人的相遇以及相处。他把这个过程比喻成拆礼物盒，他说："这就好像你不停地打开一些礼物盒，事前却完全不知道里面有什么。老实说，陌生人的有趣之处，就在于我们对他们一无所知。"

他是喜欢这种感觉的，比如在新奥尔良，他遇见了一个修女，这个女人看起来温文尔雅、不问世事，但是经过交流之后，他才发现她的工作原来是协助粗野的年轻释囚重新做人。在加拿大坐火车的时候，他曾经遇到过一位一本正经的老妇，这个妇女有一个伟大的愿望——想要见到北极熊在街上走。她听人说在某个村庄会看见这个景象，所以她就一直朝着那个村庄进发。

和这些人相处，总是能够给他的生活带来惊喜。不仅如此，有时候他们还会向他传授新的知识。比如，他在公园里认识的一个园丁，就告诉了他很多关于植物生长的知识，让他长了不少见识。

其实，如果我们想要扩展人脉，就一定要有进攻的战略，要尝试和不喜欢的人打交道，这样可以锻炼我们的社交能力。有时候，我们可能是因为某些刻板印象对某些人没有好感，但是也许接触下来，我们会发现，这个人给我们的启发其实超过了我们的想象。

在和陌生人相处这方面，我们应该向罗斯福多多学习。

首先，在与陌生人进行沟通之前，我们最好要先了解一下对方的性格特点、兴趣爱好，可以向他们的亲朋好友或者是其他了解他们的人打听。有了前期的了解以后，就可以有进一步的接触。

其次，在具体和他们接触的过程中，一定要主动。要想方设法开个好头，让对方在第一时间感觉到你的人格魅力，比如说礼貌、学识这些，从而对你产生好感。只有对你产生了好感，你和他人的交流才可以继续。

再次，聊天的时候，要学会寻找对方感兴趣的话题，不要总是一个人在那儿高谈阔论。别人说话的时候，要学会倾听，要注视着别人的眼睛，不要总是左顾右盼。不仅要展示自己的良好气质，也要学会照顾别人的感受。只有做到了这些，才能更好地和陌生人沟通。

最后，在交往过程中，永远不要担心矛盾和摩擦，不要担心失败受挫。在人际交往中，碰到不喜欢你的人或者反对你的人，都是很正常的事情。最重要的是从中吸取教训、总结经验，以后才能遇到喜欢和支持自己的人。

总之，永远不要放弃寻找生活中的可能性。我们总是觉得不和陌生人接触是安全的、舒适的。但总待在舒适区，会让我们变得越来越懒惰和无趣。久而久之，你的圈子会越来越窄，思维会越来越受局限。所以，千万不要惧怕与陌生人接触，不要拒绝让自己成长的机会。

敢于和陌生人接触，学会让思想在交流碰撞中不断成长，学着去搭建自己的人际关系网，这是优秀的人所必备的社会技能之一。

迎着别人的嘲笑前行

面对他人的嘲笑，聪明的人一定要有胸襟、有雅量，这同时也是一种做人的智慧。

曾任美国总统的福特在大学里是一名橄榄球运动员，他在62岁入主白宫时，身体仍然非常挺拔结实。当了总统以后，他仍继续滑雪、打高尔夫球和网球，而且擅长这几项运动。

1975年5月，他到奥地利访问。当飞机抵达萨尔茨堡，他走下舷梯时，他的皮鞋碰到一个隆起的地方，脚一滑就跌倒在步道上。他跳了起来，没有受伤。但使他惊奇的是，记者们竟把他这次跌倒当成一个大新闻，大肆渲染起来。在同一天里，他又在丽希丹宫的被雨淋滑了的长梯上滑到了两次，险些跌倒。随即一个奇妙的传说散播开了：福特总统笨手笨脚，行动不灵活。自萨尔茨堡以后，福特每次摔跤或撞伤头部或者滑倒在雪地上，记者们总是添油加醋地把消息向全世界报道。后来，竟然反过来，他不摔跤也变成新闻了。哥伦比亚广播公司曾这样报道说："我一直在等待着总统撞伤头部，或者扭伤胫骨，或者受点轻伤之类的来吸引读者。"记者们如此渲染似乎想让人形成一种印象：福特总统是个行动笨拙的人。电视节目主持人还在电视中和福特总统开玩笑，喜剧演员切维·蔡斯甚至在《星期六现场直播》节目里模仿总统滑倒和摔跤的动作。

福特的新闻秘书朗·聂森对此提出抗议，他对记者们说："总统是健康而且优雅的，他可以说是我们能记起的总统中身体最为健壮的一位。"

福特自嘲地说："我是一个活动家，活动家比任何人都容易摔跤。"

他对别人的玩笑总是一笑了之。1976年3月，他还在华盛顿广播电视记者协会年会上和切维·蔡斯同台表演过。节目开始，蔡斯先出场。当乐队奏起《向总统致敬》的乐曲时，他"绊"了一跤，跌倒在歌舞厅的地板上，从一端滑到另一端，头部撞到讲台上。此时，每个到场的人都捧腹大笑，福特也跟着笑了。

当轮到福特出场时，蔡斯站了起来，佯装被餐桌布缠住了，弄得碟子和银餐具纷纷落地。蔡斯装出要把演讲稿放在乐队指挥台上，可一不留心，稿纸掉了，撒得满地都是。众人哄堂大笑，福特却满不在乎地说道："蔡斯先生，你是个非常、非常滑稽的演员。"

生活是需要睿智的。如果你不够睿智，那至少可以豁达。以乐观、豁达、体谅的心态看问题，就会看出事物美好的一面；以悲观、狭隘、苛刻的心态去看问题，你会觉得世界一片灰暗。两个被关在同一间牢房里的人，透过铁窗看外面的世界，一个人看到的是美丽神秘的星空，另一个人看到的是地上的垃圾和烂泥，这就是区别。

面对嘲笑，最忌讳的做法是勃然大怒、大骂一通，其结果只会让嘲笑之声越来越大。要让嘲笑自然平息，最好的办法是一笑了之。一个满怀目标的人，不会去考虑别人的想法，而是有风度、有气概地接受一切非难与嘲笑。伟大的心灵多是海底之下的暗流，唯有小丑式的人物，才会整天聒噪不休！

勇敢地把自己推销出去

自我表现是为了成功地把自己推销出去。人生中有许多机会是要靠自己去争取的。如果你有能力，就应该自告奋勇地去争取那种许多人无法胜任的任务。你的毛遂自荐也正好显示出你的存在，你成功的机会也将会大大增加。

要想使别人接纳自己并重用自己，你必须使出全部招数，竭尽全力去游说，同时必须有创意，给对方留下鲜明的印象，因佩服而接纳你。

推销是一种才华，就像是绘画的能力，两者都需要培养个人的风格；没有风格，你只是芸芸众生中的一个而已。推销自己是一种才能，也是一种艺术。有了这种才能，你才可能安身立命，才能抓住机遇使自己处于不败之地。能够将自己推销给别人的人，才能推销世界上任何有价值的东西。自我推销需要把握以下几个原则：

（1）评估自己的能力。如果觉得自己不够客观，那么，你可以找朋友或较熟悉的同事替你分析。如果别人的客观评估比你的自我评估还低，那么你要虚心接受。

（2）检讨为何自己的能力无法施展。是一时没有恰当的机会，是大环境的限制，还是人的因素？如果是机会问题，那只好继续等待；如果是大环境的缘故，那只好辞职；如果是人的因素，那么可以诚恳沟通，并想想如何才能使沟通更顺畅。

（3）考虑拿出其他专长。有时"怀才不遇"是因为用错了专长。如果你有第二专长，那可以找机会试试看，说不定就此打开一条新的发展之路。

（4）营造更和谐的人际关系。不要成为别人躲避的对象，反而应该以你的才干协助其他的同事；但要记住，帮助别人切不可居功自傲，否则会吓跑了你的同事。另外，谦虚客气、广结善缘，将为你带来意想不到的助力！

（5）继续强化你的才干。当时机成熟时，你的才干就会为你带来耀眼的光芒！

（6）自我警觉，说话流利，适当友善。

（7）推销自己时，绝不可表现出很害怕的样子。你一定要看起来很有信心。最重要的是，你要认为你有资格担任那项职务，如果你被雇用的话，你会做得很好。

（8）当你在推销自己的时候，别担心做错事，但一定要从错误中吸取教训。

第五章

掌握社交技巧，敢于和陌生人打交道

用心结识陌生人

其实结交陌生人并非难事，有一句名言是这样说的："世界上没有陌生人，只有未结识的朋友。"任何深厚的友谊都是由陌生走向熟悉的。可以说，学会和陌生人交往，既是提高个人社交能力的需要，也是结识新友、建立人脉的重要途径。

不愿意和陌生人说话，这种想法是畏于交际的思想在作祟，正如走进游泳馆却不想下水游泳一样可笑。而且，说不定与你同席而坐的陌生人就是与你志同道合之人，恰巧能在事业和生活上助你一臂之力。

有一次，赵经理的朋友请他去参加一个饭局，在席间他认识了这位朋友的一个朋友。因为不大熟悉，便交换名片，结果发现他是一家大公司人力资源部的主管。交换完名片，自然要就对方的工作寒暄几句，赵经理开玩笑地说："以后贵公司有什么好职位空缺，一定记得找我。"结果对方马上问，有没有可能帮他介绍一个既有媒体经验又有心理学背景的朋友。听起来很奇怪，他们公司正好有这样一个内部沟通的职位空缺。

赵经理跟媒体的朋友都很熟，帮他一打听，原来那些跑人才专线的记者拿到什么心理咨询师、职业规划师之类证书的还真不少。于是在赵经理的牵线搭桥之下，"批发"了几个人过去，最后还真有一个女孩被招进了公司。

后面的事情自然不用多说。投之以桃，报之以李。等后来赵经理在事业上遇到困难的时候，那位主管帮赵经理物色了几家公司，帮他拓展了事业道路。

在这个人际关系十分重要的时代里，成功者必备的一项生存技能就是无拘无束地结识陌生人。当你能够畅通无阻地结交陌生人的时候，你会发现，生活会因为这些昔日的陌生人的加入而更加丰富多彩。

自我介绍要潇洒

自我介绍是人与人进行沟通的出发点，最突出的作用，就是缩短人与人之间的距离。在社交或商务场合，如果能正确地利用自我介绍，不仅可以扩大自己的交际圈、广交朋友，而且有助于进行必要的自我展示、自我宣传，并且替自己在人际交往中消除误会、减少麻烦。

想象一下你正在被介绍给某人，你们都说了自己的名字，接着又说了些诸如："很高兴认识你。"然后呢？你该说些什么？你觉得和这位新认识的人待在一起很尴尬，只好绞尽脑汁开启下一个话题。

你可以设计一个有新意的自我介绍，让以后的对话更顺利。在镜子前对着自己说几遍，直到感觉很好。向对方提供一些关于自己的信息，可以让对话顺利进行。比如，你可以说：

"你好，我是 ABC 公司的会计卡罗尔·琼斯。我帮人们管钱，还帮他们省钱。"

"你好，我是汤姆·马丁。我在 XYZ 公司帮助小公司设计电脑软件。"

于是，汤姆开始问卡罗尔会计的事、ABC 公司以及如何理财，而卡罗尔也准备问问 XYZ 公司的事情，还有软件设计，等等。看，你的介绍引出了一段有意思的谈话。

其实，在日常生活中关于自我介绍的学问很大。那么，在进行自我介绍时，需要注意哪些事项呢？

无论是哪一种自我介绍，都必须把握好分寸。首先，需要注意自我介绍的时机。进行自我介绍应当选择适当的时间，如对方空闲的时候、对方兴致正浓时、对方对你感兴趣时、对方主动提出要求时。如果时间不合适，如对方正在忙碌、缺乏兴趣、心情不佳等，就应该避免进行自我介绍。其次，应该注意控制自我陈述的时间。原则上是在把必须让对方了解的有关自己的信息介绍清楚的前提下，时间越短越好。因此，这就要求介绍者语言精练、谈话条理清晰。一般应该把时间控制在1分钟之内。切忌滔滔不绝、废话连篇。

自我介绍时还应该注意态度。必须友善、自然、亲切、随和。应该落落大方，既不畏首畏尾，也不虚张声势。应该表现得充满自信，千万不要妄自菲薄、心生胆怯。语气要自然，语速要正常，语音要清晰。切忌语气生硬、语速过快或过慢、语音含糊不清，否则对方会让你介绍第二遍。进行自我介绍时所表述的内容，一定要实事求是。没有必要过分谦虚，一味贬低自己、讨好别人；也不能自吹自擂、故弄玄虚，企图借夸大自己来赢得别人的好感。

在我们日常的生活礼仪中，初次见面，自我介绍是最必不可少的。因此，我们有必要了解自我介绍的相关礼仪，以提升自己。

在这里我们参照一位心理学家曾经提出的自我介绍的"五要"，作为自我介绍时的参考和指导，帮助我们掌握这一社交艺术。

一要事先有所规划、有所准备。在公共交际场合中，如果你想认识某一个人，最好预先获得一些有关他的资料，诸如性格、特长及个人兴趣等。有了这些资料，在自我介绍之后，便容易交谈沟通，迅速拉近双方关系。

二要面带笑容而且充满信心。一般对于自信的人，大家都会另眼相看、产生好感；相反，如果你畏怯和紧张，可能会使对方产生相应的情绪反应，从而对你的谈话就有所保留，阻碍彼此之间的沟通。

三要热忱地表示自己渴望认识对方并和他真诚交往。任何人都会觉得能够被人渴望结识是一种荣幸。如果你的态度热诚，别人也会拿自己的热诚回报你。相反，如果你一盆冷水泼下去，那么大家对你的态度可想而知。

四要善于用自己的眼神表达关怀、亲切及渴望沟通的心情。眼睛是心灵的窗户，诚恳的眼神有时会胜过千言万语，在一瞬间拉近彼此的距离。

五要重复对方的姓名。在获知对方的姓名之后，不妨口头重复一次。因为每个人都乐意听到自己的名字，这会使他产生自豪感和心理满足感，你不妨试试。

只要遵循以上的原则，你的自我介绍就一定会成功。

此外，自我介绍中还有"六不要"：

一不要打断别人的谈话而强行介绍自己，要等待适当的时机。

二不要态度轻浮，这是尊重对方的基本要求。无论男女，在自我介绍时，神色要庄重一些，避免油腔滑调。

三不要过分地热忱，要懂得适度原则。

四不要提醒对方的记性不好。如果在你做完自我介绍之后，有人仍叫不出你的姓名，不要显出不悦，令对方尴尬。最佳的办法是直截了当地再自我介绍一次。

五不要只结识某一方面的特殊人物，应该和多方面的人物打交道，积累人脉。

六不要守株待兔。如果希望认识某一个人，要积极主动，不能等待对方注意自己。

首因效应，第一回合就要赢

在心理学中第一印象被称为"首因效应"，无论它是正确的还是错误的，大部分人都依赖于第一印象的信息，而这个第一印象的形成对于日后的决定起着非常大的作用。它比第二次、第三次的印象和日后的了解更重要。第一印象的好与坏几乎可以决定人们是否能够继续交往。由此可见，人与人的交往，第一印象非常重要，尤其是在初次见面的时候。信纳法·佐宁博士在《沟通》一书中这样写道："当你在社交场合遇到陌生人时，你应在最初几分钟内把注意力集中到他的身上。很多人的际遇会因此而改变。"

英国伦敦大学学院的一位系主任在谈到一位讲师时说："从她一进门，我就感到她是我所渴望的人。她身上散发着某种精神，被她那庄重的外表衬托得越发迷人。因为只有一个有高素养、可信、正直、勤奋的人才有这样的光芒。30分钟之后，我就让她第二天来系里报到。她没有让我失望，至今她仍是最优秀的讲师。"这个激烈角逐的位置就这样由于一个迷人的第一印象落到了这位女士的手中。

有研究证明，产生第一印象的7秒钟可以保持7年。人的第一印象一旦形成，就很难改变。如果第一印象不好，接下来的事情就可能会失败。

一个业务员的失败，80%是因为留给客户的第一印象不好。也就是说，在你没开口之前，别人就把你给否定了。

不知大家是否有过这样的经历：在电话里跟一位女士谈得很好，对方的声音很甜。这时你在心里就会有种种的猜想，比如，猜想她长得肯定跟她的声音一样美，肯定漂亮；她的素质一定很不错；她的气质一定会很高雅；等等。有一种想和她见面的冲动，希望尽快见到她。有这种想法是人的一种正常心理。

但有的时候，一旦和她见了面，或者还没见面她，远远地看见她，就可能使你大失所望，没有了兴趣。为什么？具体也说不清楚，就是一种总体的感觉。这种感觉和原来的想象有很大的落差。就这么一瞬间，你的脑子里便会闪出一个非常感性的决定：不行，这人不行。

怎样才能给别人留下一个好的印象呢？这需要我们从外在和内在两方面来努力提升自己。

（1）与人初次相识，要穿着得体、整齐，你的外表就代表了你。这不但是对自己的尊重，而且是对别人的尊重。

（2）面带微笑，表示友好、热情。

（3）保持与别人的目光接触，表示你的专注和对别人的重视。

（4）要有力地紧握别人的手，但一定不要太紧张。

（5）用自己的身体语言展示出自信的态度，保持自己的仪态，保持上身挺立。

（6）把你的注意力给别人，做一个专注的听众。不要夸夸其谈、自吹自擂。

美国勃依斯公司总裁海罗德说："大部分人没有时间去了解你，所以他们对你的第一印象是非常重要的。如果你给人的第一印象好，那么你才有可能开始第二步。如果你给别人留下一个不良的第一印象，那么在很多情况下，我们会相信第一印象基本上是准确无误的。对寻求商机的人来说，一个糟糕的第一印象，就会失去潜在的合作机会，这种案例数不胜数。你必须花费更多的时间才能够抹去糟糕的第一印象。"

尽管我们理直气壮地告诉别人，不要仅凭一个人的外表妄下结论。但事实是，全世界的人都在这么做，当然包括我们自己。

心理学家研究发现，人们的第一印象是非常短暂的，只有几秒到几十秒之间。也就是说,在如此短暂的时间内,人们就对你这个人有定论了。可见,第一印象对于人们来说有着太大的作用。如果你不想失去任何成功的机会,如果你想在人际交往中如鱼得水,那么请别忘记第一印象的作用,并且努力给别人留下良好的第一印象。

初次见面,礼仪不可少

我们都遇到过这样的事:一个人不小心撞了另一个人,这个人如果马上诚恳地向对方表示歉意,说声"对不起!"被撞的人虽然可能还不太高兴,却也能表示谅解:"没关系!"与此相反,还有一种结果是大家都不愿意看到的:撞人者无动于衷,被撞者骂骂咧咧,一场舌战由此开始:"你瞎眼啦?干什么撞人?""你才瞎眼呢,没看见人多挤吗?怕人撞,坐小汽车去!"你话音刚落,他就再说一句,吵得不可开交,甚至可能演变为拳脚相加。

上面的例子值得我们思考。同一件事,为什么有截然不同的态度和结果呢?简单地说,只因为前者知礼、后者不知礼而已。

那么,如果在初次见面时你不知礼,那么不好意思,初次很可能就是最后一次了。

很多人对提倡社交礼仪没有足够的重视,不以为然。他们说:"搞那些客套的形式有什么用?""都是些生活小事,不值得三番五次地宣传。"这种认识是错误的。礼貌是人们共同遵守的一种行为规范和道德准则,它是通往相互友好和尊重的一道桥梁。

失礼、不讲礼貌的问题绝不是小事,虽然比起一些违法乱纪的事,它不算大,但从这种小事里,往往可以窥见一个人的内心世界,衡量出他的品德的高低和文化修养的深浅。通常，不讲礼貌的人除了自小缺少熏陶和培养外，往往在思想意识上就存在着问题，或者自私、狭隘，或者骄傲自大。与此相对，讲礼貌的人在生活与学习中多是关心集体、尊重他人的人。出于这种关心和尊重，讲礼貌的人不论对方是强者还是弱者，领导还是群众，好朋友还是陌生人，是否有求于人，在公共场合还是无人监督的环境下都是一样的。

一个彬彬有礼的人具有谦逊质朴、真诚待人的优秀品质。

俗话说："礼多人不怪。"人们能接受一个相貌平平的人，却无法接受不懂礼仪的人。一个人如果没有礼貌，不用说受到欢迎，就是正常的交往也会麻烦不断。做一个知礼的人，才能赢得好人缘，生活和事业才能顺利。

平时在楼道里走在上司前面，会点头示意并说"对不起"。打照面时会点头，略停顿以示礼让。昨日倘若缺勤，早上见到上司时应主动道歉、解释，即便上司并未注意到，也不会就此不了了之。昨晚被同事请去吃饭，一早见面还会再次道谢。尽可能地先向见到的同事打招呼、道早安，声音不要有气无力、嘟哝不清，免得给人以没有精神、难当大任的印象。同事在场的情况下若欲先走，一定会当众打声招呼，再离开。

知礼的人会这样与上司、同事讲"礼"：星期日在街上遇到上司，绝不会佯装看不见而避开，或一边用手指着上司，一边随随便便地将上司介绍给同伴。应邀去上司家做客，一定要准时，按门铃或敲门时一定要有节奏感。

工作中，在上下楼梯或乘电梯的时候，知礼的人会这样遵守礼仪：与上司同行，会斜后一两步；楼梯上遇到上司或同事，会点头致意。乘电梯时，手按电梯处开门键，让上司、前辈、同事先入，然后进入按钮旁，听人报几层楼，代按电梯楼层键。

在自己熟悉的人面前要有礼貌，面对陌生人更应如此，更应该注意礼貌问题。说话多用"请""对不起""请多多关照""谢谢"等礼貌用语。我们应记住：只有因少礼缺教而得罪人的，没有因礼多而被人责怪的。

把一句话说得扣动人心

在当今社会，在你搭乘飞机、火车或轮船的时候，便是建立人际关系的绝佳机会。如有可能，人们都想和邻座的人聊上几句话，一方面可以打发时间，另一方面可以多认识几个朋友，从而路上可以相互照应。然而，向坐在身旁的素不相识的人开口攀谈，的确需要相当大的勇气和适合的方式。而且，越是不擅长与陌生人交谈的人，越会绞尽脑汁地去思索那些完美的辞令。那么结果是令人失望的。因为，在磨磨蹭蹭不敢开口的情形下，时间白白溜走，错失开口搭讪的好机会。在这种情形下，尽早开口才是最重要的，不必思虑过多。

不要小看初次见面的第一句话，在人际交往中，它能起到举足轻重的作用。说第一句话的原则是：贴心、亲热、消除陌生感。常见的有3种方式：

1. 问候式

"你好"是向对方问候、致意的常用语。如能因对象、时间的不同而使用不同的问候语，效果则更好。对德高望重的长者，说"您老人家好"，以示敬意；若对方是医生、教师，说"李医师，你好""王老师，你好"，有尊重意味；节日期间，说"节日好""新年好"，给人以祝贺节日之感；早晨说"你早""早上好"则比说"你好"更得体。

2. 攀认式

任何两个人，只要彼此留意，就不难发现双方有着这样或那样的"亲友"关系。例如，"你是北京大学毕业生，我曾在北大进修过两年。说起来，我们还是校友呢！""您是体育界老前辈了，我爱人可是个体育迷，咱们也算得上是'近亲'啊！""你是山东的，我是河北的，两地近在咫尺。今天能碰巧遇见，也算很有缘！"……

3. 敬慕式

对初次见面者表示敬重、仰慕，这是热情有礼的表现。用这种方式必须注意掌握火候、恰到好处，不能乱吹捧。表示敬慕的内容应因时因地而异。例如，"你的大作我读过多遍了，受益匪浅。想不到今天竟能在这里一睹作者风采！""今天是教师节，在这个光辉的节日里，我能见到您这位颇有名望的教师，不胜荣幸啊！"……

一般而言，碰面30分钟内开口说话是最理想的。一旦超过30分钟，除非出现特别合适的机会，否则双方只能以沉默告终。在现场气氛凝固之前，无论什么话题都可以打破僵局，务必先开口交谈。比如，故意询问一下该车次的到站时间，或者向对方借阅报纸，趁机还可以就报纸新闻发表意见等，接下来很多的话题就都顺理成章了。

此外，还要善于把握机会开口说话。比如，如果对方为女性，那么当她费力地往行李架上放行李的时候，便是一个上天赐予的好机会。"让我帮你放吧！"只需要一句话、一个举手之劳，气氛就立刻缓和下来。而在你帮忙后，她必定会感谢你，于是你们便可以很自然地聊起来了。如果让这种时机溜走，等她忙完一切尘埃落定，你冷不防地开口搭讪，必定会让对方感到突兀，无法进行自然的沟通。

在现实生活中，我们都知道，如果一开口便说些中听、讨好的话，对方反而会感到紧张，猜想着你会有什么意图。在座席上安定下来之前，趁着忙乱时说些不经意的话，对方反而较能以轻松的心情回应、攀谈。当然了，从上车到下车为止，不停地说话是不必要而且是失败的。只要在最初轻松地打过招呼后，途中可以阅读书报，抑或对方也可能主动攀谈。总而言之，你最初开口寒暄的目的，是向对方表明自己是友好的。

所以，如果你打算在旅途中同邻座的人攀谈，就应该在上车前先调整心态，准备随时与人攀谈，有备无患。如此一来，在旅途之中就可以无所顾忌地轻松开口。

这个方法不仅有利于建立人际关系，同时也能成为上班族的一种训练。只要训练自己随时都可以与人攀谈，说话的技巧也会随之进步。毕竟，无法和陌生人交谈的人一般都难以发展广泛的人脉。

第一次就记住他的名字

名字对一个人来说，应该算是比较重要的东西之一。一个人从出生到去世，名字就一直和他绑定在一起。人不能没有名字，因为这是一个人区别于其他人的重要标志。叫一个人的名字，这对于他来说，是所有声音中最动人的声音。和一个陌生人交往，记住他的名字则更是建立友谊的第一步。

一般一个人对自己的名字比对地球上其他所有的名字之和还要感兴趣。记住他人的名字，而且很轻易就叫出来，等于给予别人一个巧妙而有效的赞美。若是把他人的名字忘掉或写错了，你就会处于一种非常尴尬的境地。比如说，曾有一个人，一天莫名其妙地收到了一封很不客气的信，是由巴黎一家较大的美国银行经理寄来的，究其原因是他曾经把这位经理的名字拼错了。

我们应该注意到一个名字里所能包含的奇迹，并且要了解名字是完全属于与我们交往的这个人的，没有人能够取代。名字能使他在许多人中显得特别。

有时候要记住一个人的名字很难，尤其是当它不太好念时。一般人都不愿意去记它，心想：算了！就叫他的小名好了，而且容易记。

锡得·李维拜访了一个名字非常难念的顾客。他叫尼古得玛斯·帕帕都拉斯。别人都只叫他"尼克"。李维说：在我拜访他之前，我特别用心地念了几遍他的名字。当我用全名称呼他"早安，尼古得玛斯·帕帕都拉斯先生"时，他呆住了。在几分钟内，他都没有答话。最后，眼泪滚下他的双颊，他说："李维先生，我在这个国家15年了，从没有一个人会试着用我真正的名字来称呼我。"

李维在尼古得玛斯·帕帕都拉斯这个名字上的良苦用心起到了让他也没有想到的神奇效果，也让二人成了好朋友。

卡耐基说过，多数人记不住别人的姓名，只是因为他们没有下必要的功夫和精力去记忆。他们给自己找借口：太忙。既然我们已经意识到了一个人的名字的重要性，那么，我们就要用心去牢记他人的名字。从记住他人的名字入手，和对方相互认识。心理学家研究的如何牢记他人姓名的方法有以下3个步骤：印象、重复、联想。

1.印象

心理学家指出，人们记忆力的问题其实就是观察力的问题。肯恩觉得确实如此。肯恩对名字重要性的认识，使他觉得印象是首要原则，如果不正确地牢记别人的名字，那简直是不可原谅的无礼行为。可怎么正确地记住呢？如果没有听清其名字，那么恰当的说法是："你能再重复一遍吗？"如果还不能肯定，那么正确的说法是："抱歉，你可以告诉我怎么写吗？"

2.重复

你是不是有过这样的情况，新介绍给你的人在10分钟之内就忘记其名字了？除非多重复几遍，否则，一般人都会忘记。

在谈话中记住别人名字的办法是在多种谈话方式中使用他人的名字。比如，莫斯格拉夫先生，你是不是在费城出生的？如果一个名字较难发音，最好不要回避，但很多人都采取回避的方式。如果碰上一个较难发音的名字，可以问："你的名字我念得对吗？"人们是很愿意帮助你把他们的名字念对的。

3. 联想

我们是怎么把我们需要记住的事物留在头脑中的呢？毫无疑问，联想是重要的因素。我们常常会因自己依然记得儿时发生的事而感到惊奇。

卡耐基开车到新泽西大西洋城的一个加油站加油，加油站的主人认出了他，虽然他们只是在40年前见过面。这太让卡耐基吃惊了，因为以前他从未注意过这位先生。

"我叫查尔斯·劳森，咱们曾是一所学校的同学。"他急切地说道。

卡耐基并不太熟悉他的名字，还在想他可能是搞错了。他见卡耐基还是有些疑惑，就接着说："你还记得比尔·格林吗？还记得哈里·施密德吗？"

"哈里！当然记得，他是我最好的朋友之一。"卡耐基回答道。

"你忘了那天由于天花流行，贝尔尼小学停课，我们一群孩子去法尔蒙德公园打棒球，咱们俩一个队？"

"劳森！"卡耐基叫着跳出汽车，使劲和他握手。之所以发生这一幕恰恰是因为联想在起作用，有点像是魔术。

如果一个名字实在太难记了，不妨问问其来历。许多人的名字背后都有一个浪漫的故事，很多人谈起自己的名字比谈论天气更有兴趣。

现实生活中，如果你交往的对象是显要人士，那么你更应该用心记下对方的名字。自己空闲的时候，就在笔记本上写下别人的名字、交往的日期以及主要事情等等，集中精力记忆。拿破仑三世记名字的办法是用心、手、眼、耳、嘴。虽然比较麻烦，但是很有效果。

在日常生活中，我们常有这样的尴尬：碰到一个似曾相识的人跟你打招呼时，你却一下子叫不出他的名字来。这种场合，碰上一次两次还好，要是碰上多次那就不太好了，可能会有损你们之间的关系，原本很不错的朋友也会因此疏远你。

名字虽然只是一个符号，但对一个人来说却具有非同寻常的意义，它成为日常交际中不可缺少的工具。因为一旦人们失去了名字，人与人之间便难以区分，这会给日常学习、生活，甚至整个社会运行带来诸多不便。

如果你想尽快建立一个良好的人际关系网的话，你必须在记住对方的名字上下功夫。

社交中微笑的神奇作用

微笑在社交中是能发挥极大作用的。无论是在家里，还是在办公室，甚至是在旅途中遇见朋友，只要你不吝惜微笑，立刻就会收到意想不到的良好效果。尤其是面对陌生人，相信你的微笑一定能换来他同样的笑脸相迎。

卡耐基在社交总结中发现，很多人在社会上站住脚是从微笑开始的。还有很多人在社会上获得极好的人缘以及在事业上畅行无阻也是从微笑中获取的。微笑是十分神奇的东西，它能在生活中荡开一层层涟漪，把生活的湖泊变成一种源自生命深处的美感。

1. 微笑可以以柔克刚

法国作家阿诺·葛拉索说："笑是没有副作用的镇静剂。"办事时，可能遇到的人中有脾气暴躁者，有吹毛求疵者，有出言不逊、咄咄逼人者，也有与你存有隔阂、芥蒂者，对于这些难对付之人，含蓄的微笑往往比口若悬河更令人信得过。面对别人的胡搅蛮缠、粗暴无礼，只要你微笑冷静，就能稳控局面，用微笑化解对方的怒意，以微笑化解对方的攻势，从而以静制动、以柔克刚，摆脱窘境。

2. 微笑是缓和气氛的"轻松剂"

当客人来访或是你走入一个陌生的环境，由于感到陌生或羞涩，往往会端坐不语或拘谨不安。此时，你若微笑，就能使紧张的神经放松，消除彼此间的戒备心理和压抑感，相互产生良好的信任感。但是，你应记住：要使他人微笑，你自己必须先微笑。

3. 微笑是吸引他人的"磁铁"

社交中，人们总是喜欢和个性开朗、面带微笑的人交往，而对那些个性孤僻、表情冷漠的人，则总是敬而远之。优秀的电视节目主持人、公关小姐、售货员、政工干部，他们深受人们喜欢的原因，就是他们具有动人的微笑。

4. 微笑是深化感情的"催化剂"

有人说，微笑是爱情的"催化剂"，是家庭的"向心力"，是人际交往的"润滑剂"。微笑能给人以美的滋润，微笑又是向他人发出的宽容、理解和友爱的信号。面对这样的表示，又有谁会拒绝呢？

微笑是一种良性的脸部表情，反映出一个人的内心世界，是自信的标志、礼貌的象征、涵养的外化、情感的体现。微笑可以在社交中营造出一种和谐融洽的气氛，消除人与人之间的抵触情绪，可以激发感情、缓解矛盾。

发自内心的微笑是人们美好心灵的外现，也是心地善良、待人友好的表露，是一个人有文化、有风度、有涵养的具体体现。一个口才好的人，在做说服人的工作、参加辩论和谈判时，首先要打动他人的心，而表情中最能赢得人心的是微笑。发自内心、表达真情实感的微笑，是取得说服效果的心理武器，也是辩论和谈判取得成功的秘诀之一。

下列场合可运用微笑技法：

（1）表达赞美、歌颂等感情色彩时应微笑。此时要博得别人的笑容，自己首先要微笑。

（2）上台与下台时应微笑。这样可拉近与听众的距离，把良好的形象留在听众心中。

（3）面对听众的提问时，送上一抹微笑，是无声的赞美与鼓励。

（4）肯定或否定听众的一些言行时，可以配合着点头或摇头，且脸带微笑。

（5）面对喧闹的听众，演讲者可以略作停顿，同时脸带微笑，这是一种含蓄的批评与指责。

既然在日常的交谈、辩论、演讲中，微笑有众多的作用，那么，微笑训练便成为必要项目。微笑训练都有哪些技术上的要求呢？

在做微笑练习时，应注意总结微笑的特点：看看口腔开到什么程度为宜；嘴唇呈什么形态，圆的还是扁的；嘴角是平拉还是上提。练习时可以两人一组结对进行。

微笑练习的动作要领是：口腔打开到不露或刚露齿缝的程度，嘴唇呈扁形，嘴角微微上翘。结对练习时，可根据上述归纳的重点重复练习，并互相提醒，及时发现问题。

微笑时容易出哪些问题，又应该如何纠正呢？

笑过了头，嘴咧得太大。嘴咧得太大会给人一种傻乎乎的感觉。如果不想让人说傻，就要想办法把嘴巴的开合度控制好。

此外，微笑也要分清场合，如召开重要会议、处理突发事件、参加追悼会时，就不能脸带微笑。平日在运用微笑传情达意时，要真诚自然、适度得体。切不可假笑装笑、皮笑肉不笑、僵化呆板地笑。硬挤出来的笑，只会令人大倒胃口，这样的笑宁可不要。

微笑，是一股清新的风，驱散夏日里的烦躁；微笑，是一缕和煦的阳光,为在寒冷中煎熬的人们带来力量和勇气;微笑,是新春原野上的芳草,展现着鲜活和蓬勃;微笑,是金秋时节熟透了的果实,散发着芳香。

微笑,是洒向人间的爱意,向世界吐露真诚的芬芳。你的笑靥虽不能倾国倾城,但只要是发自肺腑的,平常而又自然,也足以使人感到无限的惬意和温馨。

微笑,是世间最美丽的表情,它代表了友善、亲切、礼貌与关怀。不会笑的人,仿佛身旁的空气都郁闷的难以流动,待久了是会让人窒息的。长得不美,笑得也不好看,这无关紧要,重要的是,你是否真心诚意地展颜一笑,送给每一位与你擦身而过的熟悉抑或陌生的人。

在现实生活中,不要吝啬你的微笑。没有什么能比一个阳光灿烂的微笑更能打动人的了。微笑具有神奇的魔力,它能够化解人与人之间的坚冰,同时,微笑也是你身心健康和人生幸福的标志。

一旦你拥有了阳光般灿烂的微笑,你就会发现,你的生活从此变得更加轻松,而人们也喜欢享受你那阳光般灿烂的微笑。

法国作家拉伯雷说过这样的话:"生活是一面镜子,你对它笑,它就对你笑;你对它哭,它就对你哭。"如果我们整日愁眉苦脸地生活,生活肯定凄风苦雨;如果我们爽朗乐观地看待生活,生活肯定会阳光灿烂。

别小看肢体语言

与陌生人相处时,必须要在缩短心理距离上下功夫,力求在短时间内多了解对方一些,拉近彼此的距离。而这时,肢体语言会在缩短心理距离上起到至关重要的作用。肢体语言又称身体语言,是指通过头、眼、颈、手、肘、臂、身、胯、足等人体部位的协调活动来传达人物的思想,形象地表情达意的一种沟通方式。

每个人在自己身体周围都会有一个势力范围，而靠近身体的势力范围内，通常只能允许亲近之人接近。如果一个人允许别人进入他的身体四周，就会已经承认和对方有亲近关系，这一原理对任何人来说都是相同的。推销员经常一边谈话，一边很自然地移动位置，跟顾客离得很近。

因此，只要你想与他人及早形成亲密关系，就应制造出自然接近对方身体的机会。

有一场篮球比赛，一位教练要训斥一名犯了错的球员。他首先把球员叫到跟前，紧盯着他的眼，要这位年轻小伙子注意一些问题。训完之后，教练轻轻地拍了拍球员的肩膀和屁股，把他送回到球场上。

教练这番举动，从心理学的观点来看，确实是深谙人心的高招。

第一，将球员叫到跟前。把对方摆在近距离的位置，两人之间的个人空间缩小，相对地增加对方的紧张感与压力。

第二，紧盯着对方的双眼。有研究表明，对孩子讲故事时紧盯着他的眼睛，过后孩子能把故事牢牢记住。教练盯着球员的眼睛要他注意，用意不外乎是使对方集中精神倾听训斥。否则，球员眼神闪烁、心不在焉，很可能会把教练的训斥当成耳边风，毫不管用。

第三，轻拍球员身体，将其送回球场。实验显示，安排完全不相识的人碰面，见面时握了手和未曾握手，给人的感受大不相同。一方面，握手的人给对方留下随和、诚恳、实在、值得信赖等良好印象，而且约有半数表示希望再见到这个人。另一方面，对于只是见面而没有肢体接触的人，则给人冷漠、专横、不诚实的负面评价。

正确接触对方身体的某些部位，是传达自己感情最贴切的沟通方式。如果教练只是责骂犯错的球员，会给对方留下教练冷酷无情的印象。但是一经肢体接触之后，情形便可能大大改观，球员也许会变得能体谅教练的心情："教练虽然严厉，但终究是出于对我的一番好意！"

此外，与陌生人交谈应态度谦和、有诚意。我国有许多一见如故的美谈，许多朋友都是由"生"变"故"和由远变近的，愿大家都能多结善缘、广交朋友。善于交朋友的人，会觉得四海之内皆朋友，面对任何人都没有陌生感。

不同的人、不同的心情，会有不同的需要。要想打动陌生人，就得不失时机地针对不同的需要，运用能立竿见影的心理战术。通过对方的眼神、姿势等来推测其当时的心思，再有效地运用，如用拍肩、握手、拥抱等非语言沟通的方式来传情达意。如果你懂得运用这些技巧，便能很快拉近与陌生人之间的心理距离。

寻找与陌生人的共同话题

与陌生人交谈，最大的问题就是不知道该说些什么。合适的话题是你和陌生人之间良好的开端。话题找对了，事半功倍；话题没选好，恐怕你们以后也不会有深交。选择和陌生人的共同话题，能让彼此感受到尊重和亲近。

清末，在大太监李莲英的保荐下，权势显赫的醇亲王特意在宣武门内太平湖的府邸接见盛宣怀，向他咨询有关电报的事宜。盛宣怀以前没有见过醇亲王，但与醇亲王的门客张师爷过从甚密，从他那里了解到了醇亲王两个方面的情况：首先，醇亲王跟恭亲王不同，恭亲王认为中国要跟西洋学，醇亲王则不认为中国人比洋人差。其次，醇亲王虽然好武，但自认为书读得不少，颇具文人风范。

盛宣怀了解情况后，就到身为帝师的工部尚书翁同龢那里抄了些醇亲王的诗稿，背熟了好几首，以备不时之需。毕竟文如其人，盛宣怀还从醇亲王的诗中悟出了些醇亲王的心思。等胸有成竹之后，盛宣怀便前去谒见醇亲王。当他们谈到"电报"这一名词的时候，醇亲王问："那电报到底是怎么回事？""回王爷的话，电报本身并没有什么了不起，全靠活用，所谓'运用之妙，存乎一心'，如此而已。"醇亲王听他能引用岳飞的话，不免另眼相看，随即问道："你也读过兵书？""在王爷面前，怎么敢说读过兵书？不过英法内犯，文宗显皇帝西狩，忧国忧民，竟至于驾崩。那时如果不是王爷神武，力擒三凶，大局真不堪设想了。"盛宣怀略停了一下又说："那时有血气的人，谁不想洗雪国耻，宣怀也就是在那时候，自不量力，看过一两部兵书。"盛宣怀真是三句话不离醇亲王的"本行"，他接着又把电报的作用描绘得神乎其神，醇亲王也感觉飘飘然，后来醇亲王干脆把督办电报业的事托付给盛宣怀。

你不妨也借鉴一下盛宣怀的做法，在与陌生人交往时要有备而来。

当你要特意去结识一位从未打过交道的陌生人时，一定要多加准备，将其当成你人生中的一段重要经历。你可以通过多种渠道事先了解对方的背景、经历、性格、喜恶，在对对方基本情况了如指掌的前提下，设想有可能出现的变故，做好以不变应万变的心理准备。

与陌生人交往，我们不应该求全责备，而应该求同存异，在交往中要尽力寻找双方在兴趣、喜好等方面的共同点，以加深彼此的交流。

但是，如果你与某位陌生人只是偶遇，根本没有机会事先对其进行了解，你也可以与之找到共同话题。有一位沟通高手说过这样的话："如果你能和任何人连续谈上10分钟而使对方感兴趣，那你便是一流的沟通高手。"这就是寻找共鸣的学问。

这就是人们常说的："交谈中要学会没话找话的本领。"所谓"找话"就是"找话题"。写文章，有了个好题目，往往会文思泉涌、一挥而就。交谈，有了一个好话题，就能使谈话融洽自如。

你可以用下面的方法来寻找与陌生人的共同话题。

1. 中心开花

面对众多的陌生人，要选择众人关心的事件作为话题，把话题对准大家的兴奋中心。这类话题是大家想谈、爱谈又能谈的，人人有话，自然能说个不停了，以致引起许多人的议论和发言，语花飞溅。

2. 投石问路

向河中投块石子，探明水的深浅再前进，就能有把握地过河。与陌生人交谈，先提一些投石式的问题，在略有了解后再进行有目的地交谈，便能谈得更为自如。如在聚会时见到陌生的邻座，便可先"投石"询问："你和主人是老乡呢，还是老同学？"无论问话的前半句对，还是后半句对，都可循着对的一方面交谈下去；如果问得都不对，对方回答说是老同事，那也可谈下去了。

3. 即兴引入

巧妙地借用彼时、彼地、彼人的某些材料为题，借此引发交谈。有人善于借助对方的姓名、籍贯、年龄、服饰、居室等即兴引出话题，常常会取得好的效果。"即兴引入"法的优点是灵活自然、就地取材，其关键是要思维敏捷，能进行由此及彼的联想。

4. 循趣入题

问明陌生人的兴趣，循趣发问，能顺利地进入话题。如对方喜爱象棋，便可以此为话题，谈下棋的情趣，车、马、炮的运用，等等。如果你对下棋略通一二，那肯定谈得投机。如你对下棋不太了解，那也正是个学习的机会，可静心倾听、适时提问，借此大开眼界。

与陌生人开口交谈的关键是要找到共同点。你可以从一个人的服饰、举止、谈吐等方面看出他的心情、精神状态和生活习惯。开始谈话前首先看对方与自己有何相同之处。例如，他和你一样都穿了一双耐克气垫跑步鞋，你可以试探性地询问对方是否经常做慢跑运动，也可以耐克鞋为话题开始你们的谈话。如果对方是一头秀发飘逸动人，那么你可以赞美她的长发妩媚，对方自然会很高兴，说不定会告诉你她护理头发的秘方。与陌生人交谈，你最好寻找对方也熟悉的人和事，以此牵线搭桥，引出话题。尤其是双方都有与之关系很深的人和事，当谈到此类话题时，你们之间的距离就会很快缩短。

与陌生人主动握手就是送他的见面礼

握手是陌生人之间的第一次身体接触，只有几秒钟的时间。但这短短的几秒钟是如此的关键，决定了别人对你的喜欢程度。握手的方式、力度的大小、手掌的温度等，像哑剧一样无声地向对方描述着你的性格、可信程度、心理状态。握手的方式表现了你对别人的态度是热情还是冷淡、积极还是消极，是尊重别人、诚恳相待，还是居高临下、敷衍了事。一个积极的、有力度的、正确的握手，表达了你友好的态度和可信度，也表现了你对别人的重视。一个无力的、漫不经心的、错误的握手，会立刻传送出不利于你的信息，让你无法用语言来弥补。

玫琳凯是美国著名的企业家，她在退休后创办了化妆品公司。开业时，雇员仅有10人，20年后发展成为拥有5000人、年销售额过亿美元的大公司。

玫琳凯在退休之后为何能取得如此巨大的成就？她说，她是从懂得真诚握手开始的。

玫琳凯在自己创业前，在一家公司当推销员。有一次，开了整整一天会之后，玫琳凯排队等了3个小时，希望同销售经理握握手。可是销售经理同她握手时，手只与她的手碰了一下，连瞧都没瞧她一眼，这极大地伤害了她的自尊心，工作的热情再也调动不起来了。当时她下定决心："如果有那么一天，有人排队等着同我握手，我将把注意力全部集中在站在我面前同我握手的人身上——不管我有多累！"

果然，从她创立公司的那一天开始，玫琳凯和无数人握手，总是记住当年所受到的冷遇，公正、友好、全神贯注地与每一个人握手，结果她的热情与真诚感动了每一个人，许多人因此心甘情愿地与她合作，于是玫琳凯的事业蒸蒸日上。

据说握手礼最早始于欧洲，当时是为了表示友好，是手中没有武器的意思，但现在已成为世界性的见面礼。

握手是人们日常交际的基本礼仪，握手可以体现出一个人的情感和意向，显示一个人的虚伪或真诚。握手在人际交往中如此重要，可有人往往做得并不太好。

艾丽是一位热情而敏感的女士，目前在中国某著名房地产公司任副总裁。那一天，她接待了来访的建筑材料公司主管销售的韦经理。韦经理被秘书领进了艾丽的办公室，秘书对艾丽说："艾总，这是×××公司的韦经理。"

艾丽离开办公桌，面带笑容，走向韦经理。韦经理先伸出手来，让艾丽握了握。艾丽客气地对他说："很高兴你来为我们公司介绍这些产品。这样吧，让我看一看这些材料，再和你联系。"韦经理在几分钟后就被艾丽送出了办公室。几天内，韦经理多次打电话，但得到的是秘书的回答："艾总不在。"

到底是什么让艾丽这么反感一个只说了两句话的人呢？艾丽在一次讨论

形象的课上提到这件事,余气未消:"首次见面,他留给我的印象是不但不懂基本的商业礼仪,而且没有绅士风度。他是一个男人,位置又低于我,怎么能像王子一样伸出手让我来握呢?他伸给我的手不但看起来毫无生机,握起来更像一条死鱼,冰冷、松软、毫无热情。当我握他的手时,他的手掌也没有任何反应,我的选择只有感恩戴德地握住他的手,只差跪下来吻他的高贵之手了。握手的这几秒钟,他留给我一个极坏的印象,他的心可能和他的手一样冰冷。他的手没有让我感到对我的尊重,他对我们的会面也并不重视。作为一个公司的销售经理,居然不懂得基本的握手礼仪,他显然不是那种经过严格职业训练的人。而公司能够雇用这种素质的人做销售经理,可见公司管理人员的基本素质和层次也不高。这种素质低下的人组成的管理层,怎么会严格遵守商业道德,提供优质、价格合理的建筑材料呢?我们这样大的房地产公司,怎么能够与这种作坊式的小公司合作呢?"

所以,为了在这轻轻一握中传达出热情的问候、真诚的祝愿、殷切的期盼、由衷的感谢,我们对握手的分寸及细节进行准确把握是十分必要的。

做厚缘分,把热情写在脸上

如同磁铁能吸引四周的铁粉,热情也能吸引周围的人,改变周围的情况。世界上从来就有美丽和兴奋的存在,它本身就是如此动人,如此令人神往。所以我们必须对它敏感,永远不要让自己感觉迟钝、嗅觉不灵,永远也不要让自己失去那份应有的热忱。

在现实生活中,可能很多人都觉得市场经济是冷冰冰的,没有什么人情可言,所以很多人在经济追逐中感受不到温暖,只会觉得恐慌。但是我们的心态是可以调整的,我们的态度是可以改变的。保持一颗热情的心,你就会像一支火炬，温暖着身边的每一个人。

成功学的创始人——拿破仑·希尔指出，若你能保有一颗热忱之心，那是会给你带来奇迹的。热忱是温暖的阳光，它可以化腐朽为神奇，给你温暖，给你自信，让你对世界充满爱。热情的人是极具吸引力的，热情的人在社交的舞会上，必然是全场的焦点。

如果你没有足够的热情，下面的乔·吉拉德的热忱训练四部曲，将会对你有所帮助：

（1）要对某件事十分在乎，随时要有某事可以寄托你的热忱，或许是一个目标或想法。对某件事的在乎其实就是为培养热忱而暖身。

（2）把你的兴奋大声地表现出来。早晨醒来，告诉自己："要快乐哟！"你就会真的变得很快乐。因为上天给了你一个很棒的礼物——全新的一天，你要让今天过得比昨天更好。

（3）利用"充电器"。找一个能让你充电的对象，他必须是天生的赢家，是个强者。在你能量不够时，他能给你力量。

（4）以童心看世界。不管你年纪有多大，都要用充满好奇的童心看待整个世界，要随时保持热切期待的心态。孩子们总是抱着渴望、好奇的态度，觉得这个世界充满了惊奇和未知。每一天对他们来说都是探险，所以，他们总是全身心地投入每一天。这种态度值得成年人学习。保持孩童般的热忱，学着全身心投入每一天。

锻炼你的热情，和你每天的体能运动一样重要。如果你想要成功地认识陌生人，你想让陌生人喜欢你、尊重你、接受你，那么就要热情地对待他。

第六章 在人际关系中展现自我价值

打开交际的"黑匣子"

现代人赋予交际越来越人性化的意义,可以说,你的交际范围有多大,那你的舞台就有多大。交际俨然已经成为人生的一门艺术,给人的感觉若即若离,让一个人的心蠢蠢欲动:这就是交际的最大魅力——让你欲罢不能。

为何如此呢?

生命并不是一条无限延长的直线,而是需要我们不断地左转右转,挣脱束缚寻找捷径,追求属于自己的成功,雕琢自己的个性。这意味着人的本性注定了人与人的交往,这也决定了后来人脉的形成。

人脉,是你成功的暗码;人脉,是你成长的垫脚石;人脉,是你的未来!所以,从现在开始,改变你过去的心态,尽情地去交际吧!

在我们周围,有些人就是比其他人更成功,赚更多的钱,拥有不错的工作、良好的人际关系、健康的身体,整天快快乐乐,拥有高品位的人生,似乎他们的生活就是比别人过得好,而许多人忙忙碌碌地劳作却只能养家糊口。其实,人与人之间并没有多大的区别。但为什么有许多人能够获得成功,能够克服万难去建功立业,有些人却不行?

不少心理学专家发现,这个秘密就是人的"心态"。一位哲人说:"你的心态就是你真正的主人。"还有一位伟人说:"要么你去驾驭生命,要么是生命驾驭你。你的心态决定谁是坐骑,谁是骑师。"

影响我们人生的绝不仅仅是环境,因为心态控制了一个人的行为和思想。同时,心态也决定了一个人的视野、事业和成就。心态能让你成功,也能让你失败,成功往往由那些抱有积极态度并付诸行动的人所赢取。对同一件事持有两种不同的心态的人通常会陷入困惑中并越陷越深，总之，心态决定人的命运，心态是你真正的主人。

好的心态，可以克服困难、突破阻挠；好的心态，可以粉碎障碍；好的心态，终将达成你的期望。

梦想是成功的起跑线，心态则是起跑时的枪声。行动犹如跑步者全力的奔跑，唯有坚持到最后一秒，方能获得成功的锦旗。

有多少人在迷宫般、无法预测也没有人指引的茫茫人海中迷失了方向。他们不断触礁，可是别人却技高一等，继续航行，安全避开每天的风险，平安抵达成功的彼岸。为了保持正确的航线，为了不被沿途意想不到的障碍和陷阱困住或吞噬，你需要一个可靠的内部导引系统、一个有用的罗盘，为你在人海困境中指引出一条通往成功的康庄大道。可悲的是，太多人从未抵达终点，因为他们借助坏了的罗盘来航行。这坏掉的罗盘可能是扭曲的是非观，或是被蒙蔽的价值观，或是自私自利的意图，或是未能设定的目标，或是无法分辨事情的轻重缓急。聪明人利用罗盘，可以获得成功。有智慧的卓越人士，选择可靠的路线，坚定地向前行进，可以识别周围的危险，顺利抵达彼岸。

你愿意静待生命中的风暴，甚至甘心遭它席卷而无怨无悔？抑或立即在心境上挣开环境的束缚，获得追求成功的自由？从这两者之间作出选择并不困难，困难的是我们没有胆量去打破已有的格局。

"世上没有比恐惧更可怕的事情……我们唯一害怕的是害怕本身。"这是美国哲学家梭罗的一句名言，现实中的许多事情应验了这句话。

对于交际，你没有必要去害怕，大胆地去与人沟通吧，露出你灿烂的微笑！

"1=250" 定律

交际是我们获取信息的一条捷径。如果说生存是盘踞在我们心灵的园地，那么交际则是这园地通向四面八方的道路。

我们要学会和信息灵通的人士交际。因为交际中的信息，丰富了我们的感觉意识。我们会在丰富多彩的交际中，得到有利于我们生存和有价值的东西。交际的入场券，大多是从朋友那里得到的。所以，你要当个出色的交际家，就要学会广交朋友。

朋友相处或人际沟通之间，如果能"先给予、先付出"，就会赢得对方的信任，也能得到"真心的回馈"，这也是所谓"先予后取"的道理。

美国一位汽车销售冠军曾提出过"1=250"定律。这是什么定律？为什么"1"会等于"250"？

这位业务员解释说："假设每一个客户平均有 250 个朋友，10 个客户就有 2500 个朋友，这是多么大的潜在市场！我们怎么可以小看这一个客户呢？毕竟，他的背后有 250 个潜在的客户啊！只要他帮你说一句话，就比你自己讲 50 句话还有用！"

凭着这个定律，那个平凡的业务员成了月收入百万元的超级业务员！

的确，每个朋友都有他们的"潜在人脉"，都值得我们去开发、挖掘。只要笑脸迎人、真心相待、先予后取，就会交到好朋友。而且，也可能再认识"朋友的朋友"。如此一来，我们的"人际关系账户"就会逐渐增加，从而开出红盘！

"1"的威力不可忽视。

友善地对待你周围的人，你就可以在自己的人脉存折上大增一笔。

在人际交往中，有个著名的六度效应："你和任何一个陌生人之间所间隔的人不会超过六个人，也就是说，最多通过六个人你就能够认识任何一个陌生人。"这就是六度效应在人脉中的阐述。1967年，哈佛大学心理学教授做过一次连锁性实验，得出六度效应的结论。现代版本则是哥伦比亚大学今天用邮件进行的相同实验。有科学家甚至从这个现象中推演出一个可以评估的数学模型。你也许不认识克林顿，但是在优化的情况下，你只需要通过六个人就可以结识他。六度效应说明了社会中普遍存在的"弱链接"关系仍在发挥着巨大的作用。

社会中的人脉网络其实并不是深不可测的，它的理论基础正是"六度分隔"。有这么一个故事：

几年前一家德国报纸接受了一项挑战，要帮法兰克福的一位土耳其烤肉店老板找到他和他最喜欢的影星马龙·白兰度的关联。结果经过几个月的调查，报社的员工发现，这两个人只经过不超过六个人的私交就建立了人脉关系。原来，烤肉店老板是伊拉克移民，有个朋友住在加州，刚好这个朋友的同事是电影《天生爱情狂》的制作人的女儿在女生联谊会上结拜的姐妹的男朋友，而马龙·白兰度主演了这部片子。

"六度效应"和"1=250"定律是一个道理，所以不要忽视你身边的任何一个人，因为你预测不到什么时候就可以用到他。

在社交场合尽量展现你的笑容

很多人都会选择和每天面带微笑的人交往。要问原因，人们大多会这样回答：看上去舒服啊！但是蒋先生似乎并不明白其中的道理，以至于在跟人打交道的时候受了冷遇，原本可以谈成的合作也泡了汤。

蒋先生是一家商贸公司的老板，生意做得还算顺利。这两年，经济低迷给他的事业带来了不小的冲击，接不到出口订单，货物在仓库里堆积如山，工人们又要求涨工资，这让蒋先生很是烦恼，他整天都在为资金的事而犯愁。就在蒋先生为公司的事忙得焦头烂额之际，又因为儿子的学习和妻子闹了矛盾，夫妻关系一下子跌到了谷底。面对整天愁眉苦脸的蒋先生，他的好友决定帮他一把。

好友邀请蒋先生参加了在上海举办的一次商务宴会，他告诉蒋先生，将有很多投资人参加这个宴会，是个非常好的融资机会。但是在宴会上，蒋先生总是板着一张脸，别人一看到他那张脸就对他退避三舍。好友给他介绍了一个来自福建的投资人，这个投资人原本不想和蒋先生说话，但碍于好友的面子，还是勉强和他谈了几句，但关于投资的事只字不提。

结果，在这个商务宴会上，蒋先生一份投资都没有拿到。

蒋先生因为一脸"苦大仇深"，而让别人退避三舍，不想与他接近，他也因此失去了与人深入交谈、获得投资的机会。可见，一张微笑的脸对于拉近人与人之间的关系是多么的重要。

众所周知，微笑能让人情绪放松，能让人感到愉悦，能让人获得信任，也能让人感到被尊重、被关心。当人们面对一个面带微笑的人时，他的防备心理就会降低，而他希望结交对方的愿望会随之增强，这种愿望会随着交往的深入一直持续下去。这其实就是"亲和效应"在人们内心所起的作用。

从微笑这一现象来说，当对方通过这一表情来传达某种积极交往的信号时，我们便会在心中形成相应的情绪反应，这种反应就是一种过程。我们会在这个过程中感受到对方的需求，为呼应这种需求，我们也会相应地在脸上表现出积极的交往信号，与之产生共鸣，从而为彼此的交往打下坚实的基础。

这一过程具有不可替代的专注性，这种关注能让我们将更多的目光放在微笑的"甲"身上，而不是冷若冰霜的"乙"身上。尤其值得注意的是，这种专注性会让我们在与对方交往前就消除紧张感和防备性。

人际交往是一个互动的过程，你给予对方什么，对方也会给予你什么。倘若你想让对方感受你的温暖，在人际交往中营造和谐的气氛，就请不要吝啬你的微笑。面对他人，翘起嘴角，然后伸出手，向对方说："你好！"

不自信的表现会给人极差的印象

习得性无助有一个重要的特征，那就是不自信。一个人如果不够自信，在与他人打交道的时候，就会扭扭捏捏，这样会给人留下极差的印象。因此，在生活中，我们要有意识地建立自己的自信。

卡耐基说："自信才能成功。"自信是我们需要的第一缕阳光，它是人生不竭的动力，能够帮我们战胜自卑。你相信自己会成为什么样的人，并且去做了，你自然就会成为自己所希望的那种人。

世界上没有两片完全相同的树叶，人也是这样，每个人都是上帝的宠儿，都是独一无二的，所以我们应该相信自己。

自信的人，不会自卑，不会贬低自己，也不会把自己交给别人去评判。自信的人，不会逃避现实，不会做生活的弱者。他们会主动出击、迎接挑战，演绎精彩人生。自信的人，不会跟自己过不去，只会鼓励自己。他们既会承担责任，又会缓解压力。他们会在生活的道路上游刃有余，笑看输赢得失。

自信是一种心理状态，可以通过自我暗示培养起来。积极的自我暗示意味着自我激发，它是一种内在的火种、一种快捷的自我肯定。它可以使我们的心灵欢畅，建立自信，走向成功。

自我暗示的方法有很多，每个人遇到的压力不同，自我暗示的方法也不会相同，可以从以下这些方面来树立自信，萌生一股新生的力量。

第一，在心中描绘一幅自己希望达成的成功蓝图，然后不断地强化这种印象，使它不致随着岁月流逝而消退模糊。此外，相当重要的一点是，切莫设想失败，亦不怀疑此蓝图实现的可能性，因为怀疑将会阻碍你的行动。

第二，当你心中出现怀疑自己的消极想法时，要改变这种想法，必须设法发掘积极的想法，并将它详细说出来。

第三，为避免在你走向成功的过程中出现障碍，你最好不要理会可能形成障碍的事物。至于难以避免的障碍，就下番功夫好好研究，寻求适当的处理良策，以避免其继续存在。不过，最好彻底看清困难的实际情况。

第四，不要受到他人威信的影响而试图模仿他人，须知唯有自己方能真正拥有自己，任何人都不可能成为另一个自己。

第五，寻找对你了如指掌且能有效提供忠告的朋友。你必须了解自卑或不安的来源。虽然这个问题往往在少年时期便已发生，但了解它的来源将使你对自己有所认知，并使你获得援助。

第六，正确评估自己的实力，然后多加一成，作为本身能力的弹性范围。适度地提高自信心也是相当重要的事。

自信是一个人心理的建筑工程师。自信一旦与思考结合，就能激发潜意识来激励人们表现出无限的智慧和力量，使每个人的欲望转化为物质、金钱、事业等方面的有形价值。

所以，遇事要用正确的思维方式，不要完全相信你听到的、看到的一切，也不要因为他人的批评、鄙视而轻视自己，摒除自卑产生的压力，找回坚定的自信。唯有如此，你的生命中才能处处充满灿烂的阳光。

把自己武装成"绩优股",吸引各方的注意

有句俗话叫:"王婆卖瓜,自卖自夸。"虽然其中蕴含了一些对自吹自擂者的讽刺意味,但这种自我宣传在某些情况下还是很有必要的。

社会就如同竞技场,有许多机会都是要靠自己去争取的。如果有能力,就应该自告奋勇地去争取那些别人无法完成的任务,千万不要让自己淹没在人群中,或者躲在被人们遗忘的角落里。成功者会让自己闪耀夺目,像磁铁一样吸引各方的注意。

有一匹千里马,身材非常瘦小,它混在众多马匹之中,默默无闻。主人不知道它有与众不同的奔跑能力,它也不屑表现自己,它坚信伯乐会发现它的过人之处,改变它的命运。

有一天,它真的遇到了伯乐。伯乐径直来到千里马面前,拍了拍马背,要它跑跑看。千里马激动的心情像被泼了盆冷水,它想,真正的伯乐一眼就会相中我,他为什么不相信我,还要我跑给他看呢?这个人一定是冒牌的。千里马傲慢地摇了摇头。伯乐感到很奇怪,但时间有限,来不及多作考察,只得失望地离开了。

又过了许多年,千里马还是没有遇到它心中的伯乐。它已经不再年轻,体力越来越差,主人见它没什么用,就把它杀掉了。千里马在死前的一刻还在哀叹,不明白世人为什么要这么对待它。

客观而言,千里马的一生是悲惨的,可以说是"怀才不遇"。它终年混迹于平庸之辈中,普通人不能看出它的不凡之处,伯乐也错过了提拔它的机会。但是谁导致这种悲剧的呢?是它的主人,还是伯乐?都不是。怪只怪千里马自己,假如它当初能够抓住机遇,勇敢地站出来,在伯乐面前不顾一切地奔跑,表现出自己与众不同的优秀品质来,用速度与激情证明自己的实力,恐

怕它早就离开那个狭窄的空间，到属于自己的广阔天地尽情施展才能了。

人们过去总说"酒香不怕巷子深"，但事实并非如此。试想，要有多么浓郁的芳香才能从深巷里传入人们的鼻中呢？又有多少人能够静下心来寻找这芳香的源头呢？再香的酒，只怕最终也不过落得个"长在深巷无人识"的结局。许多人常慨叹怀才不遇，却不知道能力是需要表现出来的，有本事就要发挥出来，不说话、不行动，谁会知道你胸中的万千丘壑，谁会将你这匹千里马从马群中挑选出来呢？

不少人总是满怀希望地等待着，期待伯乐发现自己、提拔自己。只可惜千里马常有，而伯乐不常有，并不是所有领导、上司都独具慧眼，将机会拱手送上。在你做白日梦的时候，别的千里马，甚至是九百里马、八百里马们早已迎风驰骋，令众人瞩目，获得了充分展示自己的机会。而默不作声的你，自然只能被淹没在无人问津的平庸者当中。

现实终究是现实，成功的机会不会自动跑到你面前来，一切都要靠你自己去争取。要知道，就算天上掉下馅饼，也要主动去捡，而且必须抢先别人一步。金子如果被埋在土里，就永远不会闪光。

因此，即便是实力再强的人，也要学会表现自己。善于表现自己，才能让自己的优势展现于世人面前，才能赢得别人的青睐。

以现代职场为例，默默无闻、埋头苦干的人，往往不一定能够得到重用。一个成功的人，不仅要拥有雄厚的实力，还要善于表现自己，这样才有机会脱颖而出。

正如美国著名演讲口才艺术家卡耐基所言："你应庆幸自己是世上独一无二的，应该把自己的禀赋发挥出来。"在如今这个凸显自我价值的时代，实力已不是成功的唯一条件，还需把自己"捧红"、把自己"炒热"，这样才能扩大自己的影响力，赢得更多的人脉。

发掘自己的优势，着力发展自身长处

哲学家说过这样一句话："一个人如果能意识到自己是什么样的人，那么，他很快就会知道自己应该成为什么样的人。"每个人都有自己的优势，发挥自己的优势、着力发展自己的长处，能够让你更容易获得成功，赢得他人的青睐与追随。

奥托·瓦拉赫是 1910 年诺贝尔化学奖获得者，在读中学时，父母为他选择的是一条文学之路，但老师的评语是："瓦拉赫很用功，但过分拘泥，这样的人即使有着完美的品德，也绝不可能在文学上发挥出来。"此时，父母只好尊重儿子的意见，让他改学油画。可瓦拉赫的成绩在班上是倒数第一，学校的评语更是令人难以接受："你是绘画艺术方面的不可造就之才。"一事无成的瓦拉赫让大多数老师对他失去了信心，只有化学老师认为他做事一丝不苟，具备做好化学实验应有的品格，建议他试试学化学。父母接受了化学老师的建议。这次，瓦拉赫的智慧火花一下被点燃了，在化学领域取得了令人瞩目的成绩。

人的智能发展都是不均衡的，都有智能的强项和弱项。瓦拉赫找到了自己最擅长的事情，才使自己的智能潜力得到充分的发挥，取得惊人的成绩。

歌德说："一个人不能骑两匹马，骑上这匹，就会丢掉那匹。聪明人会把分散精力的事情置之度外，专心致志地学一门知识，学一门就要把它学好。"而你所学的这一门，一定要是你最熟悉、最擅长的一门。

那么，如何发现我们的潜在优势呢？可以从以下两个方面来进行观察：

1. 从兴趣看优势

人们的兴趣所在往往就是其优势的"闪光点"。以贝多芬为例，这位世界级音乐大师早在 4 岁时就对音响与旋律产生了浓烈的兴趣，喜欢在琴键上来回按动。其祖父及时抓住这一"闪光点"，有意识地去培养他，结果贝多芬 8 岁时就上台表演，最终作为享誉世界的音乐家而流芳百世。

因此，想发现我们的优势，要在平时仔细观察。

2. 从性格看优势

据德国科学家研究，人的个性是其优势的"显示屏"，最突出的例子就是判断人的行为是理性还是感性。密歇根大学的专家曾经对此问题进行过问卷调查，依据人在同别人发生意见分歧时的态度予以性格分类，并与现实的情况进行对照研究，发现那些意见一旦被否决就直掉眼泪的人感情脆弱敏感，有艺术天分。

汉堡的著名心理学家赫乐穆特尔勒的解释是：这类人从不试图解决冲突，因此，长大后的内心世界比较丰富。而那些总想方设法在语言上达到目的、喜欢作立论性发言、显得自信的人，许多人成了法官、新闻记者或律师。至于那些不经过深思熟虑就脱口而出，为证明自己正确而捶胸顿足、态度咄咄逼人的人，则容易成为独来独往的管理者。

总之，了解自己，找到自己的优势，然后好好地经营它，那么久而久之，自然会取得丰硕的成果。如果你是一个不甘平庸、想成就一番事业的人，那么就在认识自己长处的这个前提下扬长避短，认真地做下去吧。也许你的优势还不明显，需要经过长时间的积累和经营才能形成真正的实力，但请一定要持之以恒。只要坚决守住自己的阵地，绝不把最擅长的领域丢弃，那么你一定会成就自己。

众人面前，果断说出自己的观点

有人说，人成熟的标志就是：听得越来越多，说得越来越少。听到与自己观点相悖的话语，也不会勃然大怒了。成熟，似乎一直就是和沉默联系在一起的。

很多人认为，一个成熟的人不应该在别人面前轻易发表自己的观点，尤其是自己的人生观、世界观和价值观。

这是为什么呢？很好理解，因为一旦说多了，只会暴露自己，丧失了话语的威信。甚至有人认为，人们在众人面前阐述自己的观点，是一种不自信和炫耀的表现，是为了引起他人的注意。

就像某句流行语说的：一个人炫耀的经常是他没有的东西，而内心真正充实的人则不会这样。于是，沉默变成了深沉，而表达变成了无知。这种说法真的是合理的吗？

从心理学上讲，我们每个人都有表达自己和获得他人关注的心理需要，如果这种需要被刻意忽略，不仅不利于心理健康，还会影响正常的人际关系。尤其是在工作当中，如果你不会正确地表达你的观点，清楚地说出你的想法，时间一长，你就会变成团队里那个可有可无的人，在朋友圈中亦是如此。

话语即权力。话语往往可以在潜移默化当中控制听众的思维模式，这就是话语的作用。

有这样一句谚语："有十个人，如果九个人沉默而其中一个人开口说话，那么说话的那个人就是领袖。"换句话说，人都是有从众心理的。所谓从众，就是羊群效应，一旦你说的话能感染一部分人，那么人群中的大部分人都会赞同你、支持你，跟着你走。

懂得说出自己的观点，可以让你在与关系平等者相处时，赢得旁人的支持。在与领导、上级相处时同样也要果断地说出自己的观点，这样才能引起足够的重视。

所谓"会哭的孩子有奶吃"，资源总是有限的，你必须表现出你对资源的渴求以及资源在你手中的高利用率，你才能获得分配权，而这一切都需要你果断地、明确地表达自己的观点。

在这个社会，仅仅会做肯定是不够的。要想别人注意到我们，我们不但要会"做"，还要会"说"。

在办公室里，那些只会埋头苦干、不会表现自己的人常常遭人忽视，例如，升职加薪的好事从来轮不到他们头上，付出很多，却没有回报。他们常常容易受到忽视，根本没有人在意他们的存在。所以，如果你工作出色又想有所回报，显示出你的自信就变得尤为重要了。

你应该学会这样：在该说出自己的想法和意见的时候就开口，在该争取自己的利益的地方就争取，在该拒绝的时候就果断拒绝。不去隐瞒自己的观点，要敢于自我表达，直截了当地说出自己想说的。

这样做的结果就是，你想要的都会得到满足，你的努力会很快地在事业上取得成就，而且这种效果是非常显著的。而那些缺乏自信、不善言谈的人，往往会因为工作量越来越大而不堪重负，业绩会下降或无法按时完成任务。即使工作上有所成就，上司也未必会了解他的工作究竟有多出色。结果，在加薪时，老板往往会把他的名字忘得一干二净。

当然，表达自己的观点并不是盲目的，而是有一定技巧与方法的，下面我们就其中比较重要的几点做一个归纳。

首先是敢于表达观点，自信承担责任。敢于表达自己的观点，其实质是敢于承担话语背后的责任。有的人胆子很小，一言不发或者欲言又止，往往就在于害怕承担责任，生怕自己"祸从口出"。

可是，谨慎是必须的，胆小却是不行的。所谓熟能生巧，一次会说错，两次会说错，多多练习，自然就能掌握说话的艺术了。除此之外，你还要学会不打断别人的发言，学会倾听。敢于发表自己的观点不是不分场合、不分时间地点地乱说，而是说得恰到好处。

其次，你在说话时必须保持对对方的足够尊重，要倾听对方的意思，尽可能理解对方的立场，并且站在对方的立场上进行换位思考。这是一种善意的行为。

"子贡方人。子曰：'赐也贤乎哉？夫我则不暇。'"

孔子的学生子贡这个人恃才傲物，说话有点刻薄，不够委婉，孔子听说后就说："子贡这样对人说话，他还能成为贤人吗？换作是我，我哪里有时间去对别人吹毛求疵啊！"

再次，有的时候最快到达终点的方法不是走直线，而是迂回曲折的方法。我们与人沟通也是这样，刚硬的话可能很有道理，但对方不一定听得进去。委婉的话在说之前要多加考虑，可能会费一点功夫，但对方听得进去，就效率而言肯定是后者更加有效。人们在沟通的过程中要考虑对方能不能听得进去，你讲得再对，但对方听不进去也是枉然。只有适应对方，让对方听得进去，才能达到我们沟通的目的。

有时候，尽管别人不接受你的观点，但你的观点一样会产生一定影响，不至于将自身摆到对方的对立面。我们要做的是让自己的观点能够尽可能地被人接受，那么考虑对方的观点，与自己的想法进行比较分析，求同存异来达成共识就是非常重要的一步。

最后，在表达自己观点的时候，一定要记住一个原则：态度要真诚，语气要坚定，既不能模棱两可，又不能咄咄逼人。只有立场坚定、个性鲜明、观点简洁有力，你才更能被人信服和尊敬。

别不好意思批评，真诚让你更有人缘

在《钢铁是怎样炼成的》一书中，有这样一句话："真正的朋友应该说真话，不管那话多么尖锐。"但实际上，有这样一个"直言进谏"的朋友却是可遇而不可求的。更多的时候，朋友们在一起只会相互恭维，即使真的看出了什么问题，也不好意思直接指出来。结果，一旦出了事，别人不会觉得你是因为善良而不忍心说破，只会觉得你是虚伪的，看出问题为什么不早说。

反之，如果你真诚地表达出自己的看法，即使当时会让朋友心里不舒服，但时间一长，他会了解你的良苦用心，从而把你当成真正有价值的好朋友。

生活中，为了让别人正视自己的缺点、错误，我们免不了会批评和指责别人，以期别人能够改变他们自己的行为以及态度。

这个时候，我们不仅要敢于表达自己真实的看法，还要懂得说话的技巧。有些人喜欢指责别人，是在借着贬低别人而抬高他自己，是一种变相的炫耀和自夸。有的人说别人的穿着打扮不好看，言外之意就是他自己很好看；有的人说别人的工作不怎么样，言外之意就是自己的工作比较好；有的人说别人不会做事、幼稚，言外之意就是在说自己成熟；有的人说别人工作不努力，言外之意就是在说他自己很努力。所以，有些人是通过这样的指责来显得自己高高在上。

像这样的并非出于真心的批评指责，自然是难以令人接受的，即便是真的对受指责的人有好处，也没有人会愿意承认自己的错误。批评者不但达不到目的，反而会适得其反。那么，我们应该如何正确地表达自己的批评意见呢？

首先，就事论事，对事不对人。

当我们确实需要讨论一些事情的时候，最好要明确需要讨论的问题，而不能脱离了主题，成了你说我不好、我说你不对的市井骂战，到头来都不知道是为了什么在争吵，成了纯粹的人身攻击。只有一个基于具体论点的争论、针对具体问题的讨论，才有意义。

过于尖锐的批评是不可取的，这只能刺伤对方。要知道，当一个人改正自己错误的时候，永远不会是因为你把自己的意见强加在他的身上了，而是源于他自己的觉醒。所以如果我们想要通过批评、指责的方式来提醒别人，那么语句一定要力求简短。让对方明白了意思，点到为止即可，不能指责起来不留情面、滔滔不绝。过度的批评，就变成人身攻击了。

其次，先说优点，再说缺点。换一种说法委婉地表达出来。

小约翰·卡尔文·柯立芝是美国的第 30 任总统，总统有一位女秘书，她虽然外貌极佳，但是在工作上却并不是无可挑剔。一天早晨，秘书穿着一身崭新的连衣裙出现在了总统的办公室。总统便对她说："年轻的小姐，今天你穿这身衣服很漂亮，非常适合你。"秘书听了非常高兴，简直是受宠若惊。总统又接着说："所以，我相信你也会把公文处理得一样漂亮的。"女秘书听明白了总统的意思，从此在工作上就很少出错了。

这个道理就是，如果我们想要给人刮胡子，那么就应该先给人涂上肥皂水，然后再拿起剃刀，这样别人才不会感觉到疼痛。

歌德在表达自己对雨果的剧本《玛利安·德洛姆》并不满意时说："在这种情况下，我们只能看出一个优点，就是作者对描绘细节很擅长，这当然还是一种不应小看的成就。"歌德就这样委婉地指出了雨果在行文上过于注重描绘细节的缺点。

　　智者委婉含蓄，愚者口无遮拦。同样的一句话，如果我们能够委婉表达，而不是直言不讳，就能让人更容易接受了。

　　最后，润物细无声，用自己做榜样影响他人。

　　孔子曰："其身正，不令而行；其身不正，虽令不从。"如果我们事事都能以身作则，那么，也就可以在无形中让别人意识到自己的错误，改正自己的过失了。

　　日本经联会前会长土光敏夫，在1965年曾出任东芝电器的社长。当时的东芝电器经营效益并不好，管理不善，盈利能力也不强。土光敏夫决心在东芝电器有所作为，整顿这种萎靡不振的风气。他认为，最有效的说服就是以身作则。他每天都第一个到公司上班，最后一个才离开，非常地努力。

　　有一天，由土光敏夫带领东芝电器的一位董事去参观一艘名叫"出光丸"的巨型游轮。土光敏夫准时到达，那位董事乘坐公司的车随后赶到。董事与他见面后说："社长先生，对不起我来晚了。现在我们一同乘坐你的车去吧。"因为这位董事认为土光敏夫肯定也是坐专车来的。然而土光敏夫说："今天不是工作日，所以我并没有乘公司的专车，那么我们就坐电车吧！"

　　其实，这是土光敏夫为了纠正公司铺张浪费的不正之风，以此来提醒这位董事。公司上下很快就知道了这件事，于是员工们也就不再敢随便铺张浪费了。

　　批评指责不是万能的，润物细无声往往能起到以暴制暴所不能达到的效果。当面指责别人，难免遭遇顽强的抵抗；而以身作则，行不言之教，则会受到爱戴。

一名心理学家说过："一个积极的完美主义者会鼓励别人不断进步，而一个消极的完美主义者则会不断对别人提出批评。"我们首先要站在同情和理解的立场上对待别人，只有这样，当我们想要指出他的不足之处的时候，才会让人感到我们的真诚，才不至于反感。也只有让对方切身地感受到你是他的朋友而非他的敌人的时候，他才愿意去敞开心扉、反省自己。

推销自己的能力也是实力之一

巧妙地推销自己，是变消极等待为积极争取、加快实现目标的不可忽视的手段。常言道："勇猛的老鹰，通常都把它们尖利的爪牙露在外面。"精明的生意人，想把自己的商品待价而沽，总得先吸引顾客的注意，让他们知道商品的价值，人何尝不是如此呢？《成功地推销自我》的作者霍伊拉说："如果你具有杰出的才能，而没有把它表现在外，这就如同把货物藏于仓库的商人，顾客不知道你的货物，如何叫他掏腰包？各公司的董事长并没有像 X 光一样透视你大脑的组织。"

因此，积极地自我推销，才能吸引他人的注意，从而判断你的能力，助你成功。推销自己既是一种才华，也是一门艺术。一个人要推销自己，就要做到：

1. 确定交往的对象

根据不同的对象，推销应采取不同的方式。你的外表应该随着推销对象的不同而有所变化。

如果是在公司里，你就要考虑一下，你在公司里喜欢与哪些人交谈，他们对你抱有什么期望，你有哪些特点能够对你的"对象"产生影响？同时，注意观察卓有成效的同事的行为准则，并吸取他们的优点。

2. 利用别人的批评

你也应了解别人对你的意见和指责，应该坦然地接受批评，从中吸取教训。另外，应当注意言外之意。例如，如果你的上司说你工作效率很高，那么在这背后也可能隐藏着对你的批评。

3. 善于展示自己的优点

在人际交往中，要善于展示自己的优点。

如果表现不好，就容易给人一种夸夸其谈、轻浮浅薄的印象。因此，最大限度地表现你的优点的最好办法，是你的行动而不是你的自夸。成功者善于积极地表现自己最卓越的才能、最好的德行以及各种各样处理问题的方式。这样不但能表现自己，也能吸收别人的经验，同时会获得谦虚的美誉。在适当的场合、适当的时候，以适当的方式向你的领导与同事表现你的优点，这是很有必要的。

4. 善于包装自己

超级市场的货架上灰色和棕色的包装很少，为什么呢？这是因为没有人喜欢这些颜色的包装。如果你不想成为"滞销品"，那么也应当检查自己的"包装"——服装、鞋子、发型、打扮等。要敢于经常改变自己的"包装"，那常会给人耳目一新的感觉。

在推销自己的时候，外表非常重要，而且永远不可忽视。生活中有很多人，虽然相貌平平，但在事业上也能获得很大的成功，关键是他们懂得包装自己。因此，对你的外表，你要加以注意，以充分挖掘、利用自己的优势。

5. 适当表现你的才智

一个人的才智是多方面的，假如你想表现你的口语表达能力，你就要在谈话中注意语言的逻辑性、流畅性和风趣性。如果你想表现你的专业能力，当上司问到你的专业学习情况时，就要尽可能进行详细的说明，此外，你也可以主动介绍，或者问一些与你的专业相符的新工作单位的情况；如果你想让上司知道你是一个多才多艺的人，那么当上司问到你的爱好兴趣时就要趁机发挥或主动介绍，以引出话题。至于表现自己的忠诚与服从，除了在交谈上力求热情、亲切、谦虚之外，最常用的方式是采取附和的策略，但你要尽量讲出你之所以附和的原因。总之，在表现你的才智时，要注意适时、适当的原则，避免引起上司的猜忌。

6. 推销自己应自然地流露

会推销自己的人都是自然地流露，而不是做作地表现。成功者从不夸耀自己的功绩，而是让其自然地流露出来。例如，在你向领导汇报工作时，不妨说："我做了某事……但不知做得怎么样，还望您多多指点，您的经验比较丰富。"这样一来，虽然你好像是在听取领导的意见，但实际上你既表现了自己，又充分体现了你谦虚的美德。如果你以请功的口气直接向你的领导说，我做了某事，这事很不简单，做起来真不容易，其具有多么高的价值。这样，你在领导心目中就已经损害了自己的形象，也降低了你在领导心目中的地位。

7. 占领"市场"

在公司里要尽量使自己引起别人的注意，例如，在夏天组织一次舞会或与同事们一起外出旅游。同时，要与以前的同事和上司们保持联系，建立一张属于自己的关系网。

8. 不要害怕犯错误

工作中出现错误在所难免，关键是你应该对此有所准备。如果一个项目真的失败了，既不要惊慌失措，也不要转而采取守势，而应勇敢地承担责任，提出解决问题的办法。在紧张状态中表现得头脑清醒、思路敏捷的人会得到上司的器重。

当你在推销自己的时候，别担心做错事，人总是要不断地从错误中吸取教训、得以成长的。